Monika Tafel

Handlesen
zum Selberlernen

LUDWIG

Inhalt

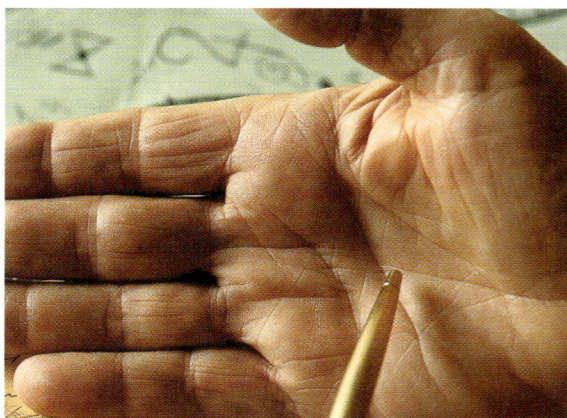

Handlesen ist eine Kunst – aber man kann sie lernen.

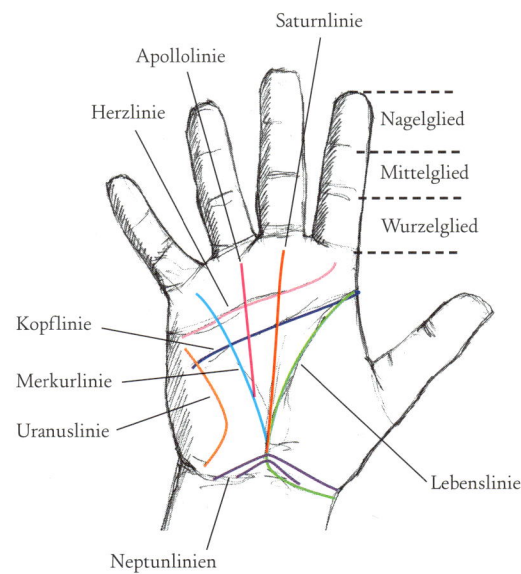

Vorwort

Intuition und hellsichtige Wahrnehmungen sind absolut normale Phänomene. Fast jeder hat sie schon einmal bewusst an sich selbst erlebt.

Das Handlesen habe ich von meiner Großmutter. Sie war eine naturverbundene Frau und lebte im Erzgebirge. Als ich noch ein kleines Kind war, schaute sie mir oft in die Hände und strich mit ihren Fingern zärtlich meine Handlinien entlang. Sie sagte: »Du wirst ganz alt« oder »Du hast ein gutes Herz und Sinn für Höheres.« Als ich klein war, streckte ich ihr immer wieder meine Hände entgegen und sagte zu ihr: »Oma, wo ist meine Lebens ..., Lebens ..., Lebens ...«, denn das Wort Lebenslinie konnte ich damals noch nicht richtig aussprechen. Außer dem Handlesen beschäftigte sich meine Großmutter mit Astrologie, Astronomie und Kräuterheilkunde. Sie fertigte für Freunde und Bekannte Horoskope an und erstellte so Prognosen, die sich als zutreffend erwiesen.

Meine Großmutter erfuhr im kleinen Kreis große Anerkennung. In den Wäldern des Erzgebirges zeigte mir meine Großmutter alle Arten von Kräutern und Pilzen und nachts die Sternenbilder am Himmel. Sie hatte die Fähigkeit des Sehens. Beispielsweise »sah« sie, wie ihre Tochter ihren zukünftigen Mann kennen lernte: Beide standen sich als Erscheinung in Lebensgröße in ihrer Wohnung im Türrahmen gegenüber, obwohl der Ort meiner Eltern etwa 1 000 Kilometer entfernt war. Gespräche über Hellsichtig- und Übersinnlichkeit waren in meiner Kindheit ganz normal. Nostradamus, der auch für sie einer der grössten Seher war, saß bei uns förmlich mit am Esstisch.

In meiner Familie hatten die Frauen mütterlicherseits hellsichtige Veranlagungen. Meine Mutter, meine Schwester und ich (meine Schwester und ich waren bereits von zu Hause ausgezogen) hatten alle drei einmal in derselben Nacht den gleichen Traum: Mein Bruder bekäme eine lebensgefährliche Krankheit und überlebe sie. Tags darauf wurde bei ihm tatsächlich eine Krankheit dieser Art festgestellt. Er kämpfte mit ihr für die Dauer von eineinhalb Jahren und ist heute wieder ein gesunder Mensch. Die häusliche Atmosphäre, in der ich aufwuchs, und die erbliche Veranlagung des »Esoterischen« meiner Großmutter waren das Samenkorn zu meiner jetzigen Arbeit. In Seminaren vermittle ich heute den Weg, wie die Teilnehmer ihrer Intuition, ihrem »siebten Sinn«, mehr und mehr vertrauen können. Die Basis dafür ist außer dem Handlesen auch Energiearbeit und Meditation. Im Laufe meines Lebens besuchte ich viele spirituelle Meister und war in einer spirituellen Gemeinschaft. Wichtig war für mich ein Aufenthalt in Amerika bei einer Halbindianerin, bei ihr sah ich zum ersten Mal die Aura eines Menschen. Es war eine Zeit mystischer Erlebnisse. Ich stellte fest, dass ich aus den Augen lesen und Energiebilder sehen konnte. Seitdem kombiniere ich klassisches mit intuitivem Handlesen. In meinen Handlesesitzungen finde ich die jeweilige Hauptstärke heraus, mit der die Personen ihrer Intuition folgen können.

Jeder, der möchte, kann die »innere Stimme« in sich entdecken bzw. stärker werden lassen. Er muss sich nur dafür öffnen. Beim Handlesen erscheint die Lebensgeschichte wie ein offenes Buch mit Stärken und Schwächen, Persönlichkeitsstrukturen und körperlichen Merkmalen. Es kommt mir v. a. darauf an, das Schicksal nicht als zwingend im Raum stehen zu lassen, sondern die jeweilige Person zu unterstützen, sich als Mitgestalter seiner Zukunft zu erfahren. Dies ist ein wesentliches Ziel meiner Handlesesitzungen und soll sich auch in diesem Buch ausdrücken.

In den Händen lässt sich lesen wie in einem Buch. Überdies geben sie logisch-konsequente Hinweise für das praktische Leben.

Geschichte prägt sich in Linien ein – das gilt nicht nur für die Hände.

Worauf es beim Handlesen ankommt

Als Grundlage zeigt dieses Buch die wesentlichen Deutungsgesetze auf. Beim Handlesen spreche ich nicht nur über Linien und allgemeine Deutungsgesetze, sondern bringe auch meine intuitive Wahrnehmung mit ein. Aus dem Feedback ergeben sich für einen Menschen, der sich aus der Hand lesen lässt, wichtige Erkenntnisprozesse. Da jeder Mensch seine eigene Lebensgeschichte hat, lässt sich nach den Linien und Deutungsgesetzen etwas Unausweichliches nicht sagen. Jeder Mensch ist individuell zu betrachten. Inwieweit jemand seine Schwächen schon bewältigt hat, lässt sich an den Händen meistens nicht ablesen, aber an der Bewusstheit erkennen, die sich während der Handlesesitzung zeigt.

Handlesen ist eine Kunst, die grundsätzlich jeder erlernen kann, der seiner Intuition vertrauen will.

Jeder kann Handlesen lernen

In welchem Maße jemand bereits über seine Anlagen hinausgewachsen ist, erkennt der intuitive Handleser im persönlichen Gespräch und Sie, verehrter Leser, durch unbefangenes »sich selbst hinterfragen«.

Dazu ein Beispiel: Ist der Zeigefinger relativ kurz, bedeutet das Unsicherheit. Es kann aber sein, dass der Mensch im Laufe seines Lebens Selbstsicherheit und Selbstvertrauen gewonnen hat. Dadurch wird der Zeigefinger nicht länger. Die Veränderung erkennt der Handleser intuitiv bzw. im Gespräch.

Sehr intuitive Handleser können allerdings »sehen«, dass durch eine erfolgte positive Veränderung des Menschen die Aura seines Zeigefingers im Verhältnis länger geworden ist als die Aura der anderen Finger. Energetisch ist der Finger also tatsächlich länger geworden. Ich bitte Sie deshalb, die Deutungen in diesem Buch nicht als unumgänglich zu betrachten, sondern als Möglichkeit, darüber hinauszugehen.

Schwächen durch Stärken ausgleichen

Mit der Ausrichtung auf das »Positive« (ganzheitlich gesehen gibt es weder positiv noch negativ) kann eine Schwäche ausgeglichen werden. Hierfür zwei Beispiele aus meiner Praxis:

1. Beispiel: Eine kurze, nur bis zur Höhe des Mittelfingers reichende Herzlinie bedeutet, dass man aufgrund leichter Verletzbarkeit sein Herz schnell »zumacht«. In vielen solcher Fälle sah ich, dass die Neptunlinie oder der Mondberg stark ausgeprägt sind. Dies bedeutet, dass intuitive oder seelisch einfühlsame Fähigkeiten als Stärken vorhanden sind, mit deren Hilfe das Herz mehr und mehr geöffnet werden kann. Intuitives oder unterbewusst verfügbares Potenzial dient in diesem Fall zur eigenen Bewusstmachung, unterstützt eine Selbsterfahrung und damit eine positive Wesensveränderung.

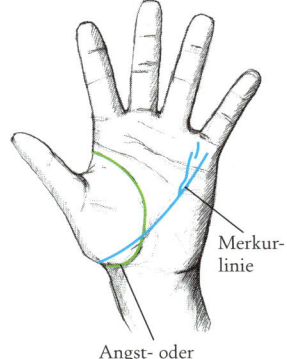

Merkur-
linie

Angst- oder
Unsicherheits-
einschnitt

Abb. 1

2. Beispiel: Bei vielen Menschen sah ich einen Angst- oder Unsicherheitseinschnitt (Abb. 1) im Bereich des unteren Venusbergs. Dieser Absatz ähnelt einer großen Insel, meistens ist der Venusberg abgeteilt durch die Merkurlinie (Abb. 1).

In diesem Fall ist oftmals eine ausgeprägte, schön geschwungene Herzlinie die Hauptstärke. Das bedeutet, dass es sich um einen warmherzigen, mitfühlenden und rücksichtsvollen Menschen handelt. Ich weise dann auf die Möglichkeit hin, diese Herzensqualitäten nicht nur für andere, sondern auch für sich selbst anzunehmen. Das ermöglicht, sich selbst mit seinen Ängsten zu verstehen und zu akzeptieren und so die Angst und Unsicherheit mehr und mehr in den Griff zu bekommen. Meistens hat sich gezeigt, dass in solchen Fällen für den Betreffenden ein Selbsterfahrungsprozess sinnvoll ist.

Handlinien können sich verändern

Die Linien in der Hand können sich durch innere oder äußere Einflüsse verändern, wie zum Beispiel durch Selbstfindungsprozesse, Schicksalsschläge oder wenn der Betreffende seine Talente entdeckt und praktisch anwendet. Hierfür drei Beispiele:

1. Beispiel: Eine Französin fragte mich nach der Bedeutung ihrer neu erschienenen, senkrechten Linie unter ihrem Ringfinger. Sie hatte selbst

Mit einer konzentrierten Ausrichtung auf die eigenen Stärken können Schwächen ausgeglichen werden.

beobachtet, dass sie diese Linie vorher nicht hatte, und war ganz überrascht, als sie auftauchte. Ich sagte ihr, dass es sich hierbei um eine Kreativitäts- und Einfühlsamkeitslinie handelt. Sie erzählte mir daraufhin, dass sie vor vier Jahren durch ihren Freund zur Bildhauerei gekommen sei und beide auch schon Ausstellungen durchgeführt und Werke von ihr verkauft hätten. Die Apollo-(Ringfinger-)Linie war demzufolge innerhalb dieser vier Jahre durch ihre künstlerische Tätigkeit völlig neu entstanden.

2. Beispiel: Ein junger Amerikaner hatte keine Beziehungslinie an der Handkante unter dem kleinen Finger. Im Selbstfindungsprozess entdeckte er seine innere Tiefe. Bald darauf heiratete er, und in seiner Hand entstand im Laufe der Zeit eine Ehelinie.

3. Beispiel: Auch meine eigenen Handlinien haben sich verändert. Die genaue Darstellung dieser Veränderung befindet sich am Ende des Buches als »Praxisbeispiel C« (siehe Seite 92f.).

> **Ein Grundsatz der Astrologie lautet: »Die Sterne machen geneigt, aber sie zwingen nicht.«**

Handleseerfahrung ist das A und O

Eine kurze Lebenslinie bedeutet kein kurzes Leben, wie es in alten Handlesebüchern steht. Wenn jedoch jemand daran glaubt, kann die Prognose zu einer sich selbst erfüllenden Prophezeiung werden. Es ist in meiner Handlesepraxis oft vorgekommen, dass Menschen schicksalhafte Zukunftsdeutungen von anderen Handlesern gemacht wurden, die nicht stimmten. Besonders erschreckend war, dass es hierbei auffällig oft um Todesprognosen ging.

> **Eine kurze Lebenslinie z. B. bedeutet keineswegs, dass jemand ein kurzes Leben hat.**

In Amerika wurde an 50 Menschen, die älter als 74 Jahre geworden waren, eine kurze, nur bis zur Handtellermitte reichende Lebenslinie festgestellt. Wie kann es sein, dass ein Mensch eine kurze Lebenslinie vorweist und doch so lange lebt? Nach meiner Praxiserfahrung gibt es dafür drei hauptsächliche Deutungen:

▶ Das Leben verläuft nach dem Ablauf der Zeit, die dem Ende der Lebenslinie entspricht, in ruhigen Bahnen.

▶ Sehr oft kommt es vor, dass jemand eine Protektionslinie, auch zweite Lebenslinie genannt, besitzt. Diese übernimmt dann die Energie der fehlenden letzten Hälfte der Lebenslinie. Diese Deutung lässt erkennen, dass wir immer auf das Gesamtbild in der Hand schauen müssen und uns nicht auf Einzelwahrnehmungen beschränken dürfen.

▶ Heute im Wassermannzeitalter kann man durch Arbeit mit dem Unterbewussten, Selbsterfahrung und Meditation mehr oder weniger alles durch bewusste Wahrnehmung verändern – sofern der Mensch es will und dazu bereit ist. Durch hinzugewonnene Bewusstheit kann der Handeigner sein Leben verlängern und auch mit einer kurzen Lebenslinie sehr alt werden.

Spielraum in den Deutungen erkennen

In den Inschriften der Hand lassen sich gewisse Gegebenheiten ablesen. Wenn der Handleser das Gesehene richtig ausgewertet und der Handeigner über das Thema noch nicht hinausgegangen ist, kann es sein, dass eine Vorhersage prinzipiell schon richtig ist.

Und doch gibt es einen gewissen Spielraum in den Deutungen: Oftmals tritt das gegebene Thema mit deutlicher Abschwächung in Erscheinung. Einer Freundin von mir wurde von einem Handleser gesagt, dass ihr Mann aufgrund seiner relativ kurzen Lebenslinie mit 34 Jahren sterben würde. Er hatte zu diesem Zeitpunkt einen leichten Unfall, das Gesicht

Deutungen haben immer Spielraum. Was Sie heute mit Gewissheit zu erkennen meinen, kann morgen in einem anderen Kontext ganz neue Bedeutungsfacetten entfalten.

Betrachten Sie Ihre Hände einmal genau. Welche Linien erscheinen Ihnen dominant?

9

blutete etwas, jedoch keine weiteren Verletzungen. Er lebt heute, mit 58 Jahren, kerngesund. Zu erkennen ist in der Hand des Ehemannes eine Protektionslinie, d. h. eine zweite Lebenslinie innerhalb des Venusbergs hat die Lebensenergie übernommen. Die jahrelangen Todesängste seiner Frau waren umsonst.

Meine Handlese-Erfahrungen im Ausland

Interessante Handlese-Erfahrungen machte ich auch im Ausland. In Indien war die wichtigste Frage die nach der finanziellen Situation. Egal, ob es sich um einen indischen Rechtsanwalt neben mir im Flugzeug oder einen armen Rikschafahrer handelte – die erste Frage betraf »money«, also das Geld. Und schon wurden mir dann die dunkelhäutigen Hände vorgehalten. In Deutschland und in der Schweiz wird hingegen eher zaghaft gefragt: »Könnten Sie mir mal etwas aus der Hand lesen?« In unseren Breitengraden geht es dabei in erster Linie um Fragen der Partnerschaft, Beruf und mehr und mehr auch um Themen wie Einsamkeit und Alter.

Ganz anders erlebte ich amerikanische Klienten. In ihrer typisch leichten Art und Sing-Sang-Sprache waren die Hauptanliegen Partnerschaft-, Geld- und Geschwisterthematik.

Der Gesamteindruck der Person

Wenn ich mit dem Handlesen beginne, nehme ich zuerst die Person wahr, ihre Ausstrahlung, die Art und Weise des Auftretens, Gestik, Gesichtsausdruck und die individuellen Wesenszüge.

Zunächst fühle ich die Hände und lasse auf den Außenhänden aus meiner Intuition Bilder aufsteigen. Auf diese Weise erfasse ich das Wesen des Menschen, das aus den Deutungen der Innenhände meistens nicht zu sehen ist. Wenn die Person damit einverstanden ist, teile ich ihr meine »Bilder« und inneren Wahrnehmungen mit. Gemeinsam gehen wir darauf ein. Der Handeigner fühlt sich dadurch »gesehen«, in seinem Innersten berührt, und es kommt ein tiefer gehendes Gespräch zustande.

Manchmal erkenne ich auf den ersten Blick, dass eine Frau sehr viel Afrikanisches, Indianisches oder Weises in sich trägt oder ein Mann die Gesichtszüge eines Adlers und demzufolge auch dessen Scharfsinnigkeit besitzt. Oft zeigen sich diese inneren Bilder und intuitiven Wahrnehmungen auch in Form vergangener Leben.

Ob man an vergangene Leben glaubt oder nicht, ist für die Handlesesitzung ohne Bedeutung. Was wirklich zählt, ist die individuelle Wahrnehmung des Augenblicks und die Erkenntnisse, die daraus gewonnen werden können.

Die Ausstrahlung des Klienten wahrnehmen: Individuelle Wesenszüge geben Anhaltspunkte für die spätere Handlesesitzung.

Die Handlesesitzung beginnen

Wenn Sie mit den Übungen zum Handlesen anfangen, empfiehlt es sich, alle Ergebnisse und Erfahrungen in einem Heft zu notieren, das Sie sich extra für diesen Zweck anlegen. Die meisten Übungen enthalten Fragen. Diese sind nur beispielhaft gemeint. Sie können für Ihre Hände weitere Fragen und so viele Aussagen wie möglich finden.

Strecken Sie als Erstes Ihre Hände nach vorne – so, als hätten Sie einen Handleser vor sich. Sehr wichtig ist, dass Sie Ihre Hände ganz normal halten, ohne sie anzuspannen. Vertrauen Sie der sich ergebenden spontanen, natürlichen Haltung. Ich erlebe immer wieder bei Klienten, dass sie ihre Handhaltung verändern, sobald sie ihre Aufmerksamkeit darauf richten. Aber gerade aus der natürlichen Hand- und Fingerhaltung lässt sich vieles ablesen.

Die Handhaltung

Die Handhaltung gibt Auskunft über die Wesenszüge des Menschen, darüber, welche Haltung jemand im Leben vertritt. Offen und direkt hingehaltene Hände lassen auf eine offene, freimütige Person schließen, behutsam hingehaltene Hände auf eine behutsame Person usw.

Die Handhaltung kann weiblich aufnehmend oder männlich ausstrahlend sein. Über die Wahrnehmung der Handhaltung erhalten wir also bereits Ansätze für eine Deutung.

In meiner Praxis habe ich große Unterschiede erfahren: Einige strecken mir ihre Hände sehr leicht entgegen, andere lassen ihre Hände in die meinen so schwer hineinsinken, dass ich ihr Gewicht dann zu tragen hätte, würde ich den Handeigner nicht darauf aufmerksam machen. Generell lässt sich sagen:

- Liegen die Finger eng aneinander, und ist die Handhaltung nach innen gebogen, handelt es sich um einen Menschen, der mehr introvertiert, also nach innen gerichtet ist.
- Ist die Handhaltung gerade gestreckt, und liegen die Finger weit auseinander, handelt es sich um eine mehr extrovertierte Person, um jemanden, der mit der Außenwelt in offenem Kontakt steht. Das bedeutet ein reges, allgemeines Interesse.

Speziell um die Kommunikationsfähigkeit eines Menschen richtig zu deuten, ist es ratsam, die Stellung und den Abspreizwinkel des kleinen Fingers (Merkurfinger) zu beachten, da jener ebenso wie die Merkurlinie für die Kommunikationsfähigkeit steht.

Die Handhaltung lässt auf die Wesenszüge schließen. Menschen, die ihre Hände offen und direkt halten, haben ein entsprechendes Wesen.

Die ersten Handlese-Übungen

Strecken Sie Ihre Hände vor sich, so als würden Sie sie einem Handleser hinhalten, und beobachten Sie Ihre Fingerstellung. Nehmen Sie sich Zeit, in Ihre Handhaltung hineinzuspüren, bis Sie mit diesem Gefühl vertraut sind. Alle Eigenschaften, die Sie den Händen entnehmen, lassen sich auf Ihre Persönlichkeit übersetzen.

Notieren Sie Ihre Beobachtungen und die sich daraus ergebenden möglichen (Be-)Deutungen in Ihrem Heft:

- Ist Ihre Handhaltung verkrampft oder entspannt?
- Ist die Hand offen, gerade, gestreckt oder nach hinten gebogen?
- Sind die Finger gerade oder gebeugt?
- Welche Finger liegen aneinander, welche sind abgespreizt?
- Scheinen die Hände eher über den Verlauf der Fingerspitzen etwas wegzugeben, oder ist die Energie eher aufnehmend?
- Fällt es Ihnen leicht, die Hände in der Luft zu halten, oder fühlen sie sich schwer an? Oder haben Sie sie am liebsten ganz bequem auf dem Tisch liegen?

Die Flexibilitätsprüfung

Um zu deuten, wie leicht oder schwer es Ihnen fällt, mit neuen Situationen, unvorhersehbaren Ereignissen und Entscheidungen umzugehen, testen Sie die Flexibilität Ihrer Hände. Biegen Sie Ihre vier Finger bei dieser Beugung in Richtung Handrücken, und fragen Sie sich:

● Ist bei dieser Beugung die Hand biegsam, oder sind die Finger starr nach innen gekrümmt? Letzteres würde bedeuten, dass Sie mit Entscheidungen oder neuen Situationen nur schwer umgehen können, es sei denn, Sie sind mit Ihrem Bewusstsein bereits über dieses Thema hinausgegangen.

● Lassen sich die Fingerspitzen nach hinten in Richtung Handrücken so weit biegen, dass fast ein Kreis geformt wird, so sind Sie überflexibel. Das bedeutet, dass Sie zu sehr mitfließen mit dem, was andere wollen. Hier heißt es, sich in Standfestigkeit zu üben, und dort, wo es angebracht ist, den eigenen Willen durchzusetzen.

● Die berühmte gesunde Mitte an Rückgrat und Flexibilität liegt dann vor, wenn die Finger sich ca. 30 Grad (siehe Seite 32f.) nach hinten biegen lassen.

● Sind einzelne Finger besonders dehnbar oder besonders starr, kommt dem eine differenzierte Bedeutung zu, die sich nach den Wesensmerkmalen des betreffenden Fingers richtet. Besonders wichtig ist in diesem Fall die Daumenabspreizung.

Übung

Machen Sie die Flexibilitätsprüfung, und notieren Sie das Ergebnis und die (Be-)Deutungen in Ihrem Heft:

● Biegen Sie Ihre Hand (wie oben beschrieben) in Richtung Handrücken.
● Welche Empfindungen steigen in Ihnen auf, während Sie erstens Ihre Hand und zweitens die einzelnen Finger dehnen und biegen?
● Würden Sie sich selbst als einen flexiblen oder eher als einen starren Typ bezeichnen?

Farbe und Beschaffenheit der Haut

Regionen, die in starken Rottönen »gebadet« sind, offenbaren Bereiche, in denen die Lebenskraft zu stark betont ist. Blassere Hautzonen lassen

Je flexibler und dehnbarer die Hände, umso flexibler ist in der Regel der Mensch. Die ideale Flexibilität der Finger beträgt 30 Grad zum Handrücken hin.

Schon die Hautfarbe der Hand (hier eher Rot) gibt wichtige Informationen zur Charakterdisposition des Handeigners.

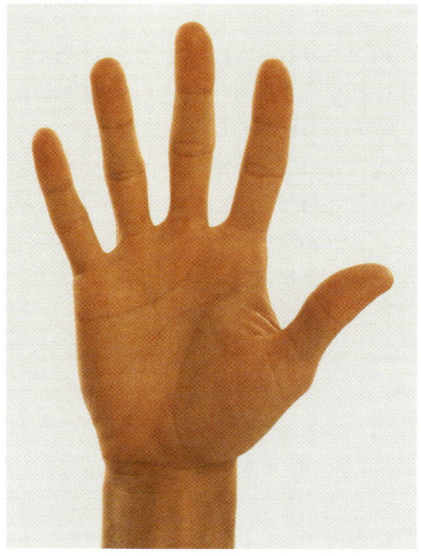

eher auf Zurückhaltung schließen. Eine eher rote Hautfarbe lässt auf praktische, vitale Lebenskraft schließen. Blasse Hauttöne hingegen weisen auf eher geistige Interessen und Stärken hin.

Übung

Betrachten Sie den Farbfluss Ihrer Haut in den Handinnenseiten. Drehen Sie dann die Hände um und betrachten Sie Ihre Außenseiten der Hand. Notieren Sie das Ergebnis und seine (Be-)Deutung in Ihrem Heft:

- Sind Ihre Hände eher gerötet oder haben sie einen blassen Ton?
- In welchen Bereichen zeichnen sich Röte oder Blässe besonders ab?
- Welche der beiden Hände ist generell röter, welche blasser?

Je röter die Haut, umso mehr lebt der Betreffende seine Vitalität.

Sensorische Prüfung

Weitere Informationen über eine Person erhalten Sie, indem Sie die Hände anfassen und ihre Beschaffenheit ertasten. Die Eigenschaften, die dabei wahrgenommen werden können, entsprechen übersetzt auch den individuellen Persönlichkeitsmerkmalen. Sie können also bei einer dünnen, sensiblen Haut auch davon ausgehen, dass es sich hier um einen dünnhäutigen und sensiblen Menschen handelt.

Personen mit einer dünnen, sensiblen Haut sind leicht verletzliche Charaktere.

Übung

Fühlen Sie Ihre Hände. Ertasten Sie, wie glatt, dünnhäutig, ledern, sensibel oder zupackend sie sich anfühlen. Notieren Sie Ihre Beobachtungen wieder in Ihrem Heft:

- Sind Ihre Hände weich, füllig, hart oder knochig?
- Sind sie fein oder eher rau?
- Welche Gefühle steigen bei dieser Übung in Ihnen auf?

Volle Hände – leere Hände

Volle Hände sind mit vielen Linien und Zeichen besetzt. Entsprechend bunt ist auch das Leben des Betreffenden. Leere Hände haben wenig Linien und Zeichen. Manchmal weisen sie lediglich die drei Hauptlinien (Lebens-, Herz- und Kopflinie) auf, gegebenenfalls noch die Schicksalslinie. Leere Hände habe ich häufig bei Zigeunern gesehen. Das Leben verläuft in solchen Fällen meist klar und unkompliziert. Der Ausdruck der Hände kann kraftvoll sein, voll fließender Energie oder gefühlvoll.

Volle Hände – mit vielen Linien und Zeichen – sprechen für ein ereignisreiches Leben.

Übung

Betrachten Sie Ihre Innenhände.
- Sind Ihre Hände voll oder eher leer?
- Drückt sich die gesamte Art und Linienaussage Ihrer Innenhände eher in Gefühl, in Kraft oder in Energie aus? (Vertrauen Sie hierbei der Wahrnehmung, die spontan in Ihnen hochsteigt.)
- In welcher Weise entsprechen die Qualitäten der Hände Ihren Wesenszügen?

Die Handtellergröße im Verhältnis zur Fingerlänge

Der Handteller repräsentiert die inneren Anlagen und Wesensmerkmale eines Menschen. Die Finger offenbaren, wie leicht oder schwer es jemandem fällt, die im Handteller angezeigten Qualitäten in die Tat umzusetzen und sich der Welt zu zeigen.

Zu erkennen ist die Handlungsfähigkeit an der Länge der Finger im Vergleich zum Handteller. Vergleichen Sie Finger- und Handtellerlänge, indem Sie sich auf Ihr Augenmaß verlassen. Es kommt hier nicht auf den Millimeter an. Ideal ist es, wenn Handteller und Finger die gleiche Länge haben und ungefähr auch die gleiche Breite (bei etwas schmalerer Fingerbreite, je nach Handtypus, siehe Seite 26–29). Ist Ihr Handteller länger als Ihre Finger (Abb. 2), besitzen Sie viele Qualitäten in Ihrem Inneren, neigen allerdings auch dazu, jene für sich zu behalten. Diese in die Außenwelt zu bringen, ist dann erst einmal eine Herausforderung. Sind die Finger länger als der Handteller, fällt es Ihnen leicht, sich in der Welt zu zeigen. Die Herausforderung liegt dann mehr darin, den

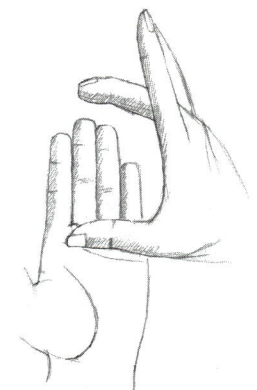

Abb. 2

Ideal ist es, wenn Handteller und Finger die gleiche Länge haben.

eigenen Handlungen ein Fundament zu geben. Durch Bewusstmachung können Extreme zur einen oder anderen Seite ausgewogen und ins rechte Lot gebracht werden. Die veränderte neue Lebenseinstellung lässt sich an Handtellergröße und Fingerlänge natürlich nicht ablesen. Jene bleiben auch nach einer Bewusstseinserweiterung unverändert.

Die intuitive Wahrnehmung schulen

Intuition ist der so genannte siebte Sinn, die innere Stimme, die innere Führung. Sicher kennen Sie Ähnliches: Sie denken an jemanden, den Sie lange nicht gesehen haben, und diese Person ruft Sie an oder Sie treffen sie »zufällig« am gleichen Tag.

Ein anderes Beispiel für Intuition: Während meines Indienaufenthalts setzte ich mich zwei Monate lang täglich um 17 Uhr zum Essen in ein Gartenrestaurant, und zwar immer unter denselben Baum. Nur einmal setzte ich mich statt dessen spontan an einen Brunnen. Genau in dem Augenblick zerbrach plötzlich der Baum, Äste schlugen nieder. Es gab bei denen, die unter dem Baum saßen, Verletzte. Mich nicht an meinen gewohnten Platz zu begeben, war »nur so ein Gefühl«. Ähnliches haben mir viele Menschen über ihre Intuitionserfahrungen berichtet.

Auch in Ihrem Leben haben Sie sicherlich schon Intuition erlebt. Überprüfen Sie Ihre Vergangenheit auf ähnliche Ereignisse. Viele meiner Klienten sagen, dass sie selbst keine intuitiven Erfahrungen kennen, aber nach näherem Hinterfragen erinnerten sich alle an Erlebnisse, in denen sie Intuition erfahren haben.

Die folgende Übung ist ein Beitrag zu Ihrem persönlichen Intuitionstraining. Viele meiner Klienten, denen ich auf Messen und in meiner Praxis begegnet bin, wurden sich aufgrund dieser Übung ihrer Intuition bewusst. Manchmal bekam ich sogar noch Jahre später ein dankbares Feedback. Ich selber habe diese Übung ein halbes Jahr lang gemacht. Schon nach wenigen Wochen habe ich große Einblicke in die Kraft und Richtigkeit meiner Intuition bekommen. Seit Beginn dieser Übung lasse ich mich mehr als bislang von meiner Intuition führen und leiten.

Übung

Notieren Sie auf kleinen Karteikärtchen täglich die Erlebnisse, die Sie auch nur annähernd ahnten oder nach Ihrem Gefühl gemacht haben. Die wichtigsten Karten, von deren Aussagen Sie das Gefühl haben, dass sie eine Führung für Ihr Leben sind, stellen Sie hochkant.

Behalten Sie diese Übung ein halbes Jahr lang bei. Bereits nach relativ kurzer Zeit wird Ihnen klar werden, wie viel Sie intuitiv »wissen« oder »fühlen«.

Jeder Mensch hat Intuition

Viele Menschen haben mehr oder weniger verlernt, auf Ihre Intuition zu hören. Sie haben in der Hektik der Zivilisationsgesellschaft vergessen, sie wahrzunehmen.

Intuition wird bei verschiedenen Menschen unterschiedlich erlebt. Den einen erhellt die Intuition blitzartig, der andere erlebt sie wie das Aufsteigen einer Wolke aus dem Ozean. Wieder andere erleben sie in Form von Träumen. Wir alle erinnern uns an einen nächtlichen Traum, an seine Bilder, seine symbolische Sprache und manchmal auch an seine Bedeutung für unser praktisches Leben. Der Traum kommt aus dem

Ob jemand besonders starke intuitive Veranlagungen mitbringt, lässt sich an der Hand ablesen.

Intuition heißt, mit mehr als nur mit den Augen zu sehen und auf sein Inneres zu hören.

Unterbewusstsein, eventuell sogar aus dem kollektiven Unbewussten. Er will uns unsere Situation verdeutlichen, auf etwas hinweisen oder eine vorausschauende Botschaft geben. Durch bewusste Kontaktaufnahme mit den unbewussten Kräften können Sie über den Traum Antworten aus tiefer liegenden Daseinsschichten bekommen (was meistens einiger Übung bedarf). Dieser Kontakt kann jedoch zum Beispiel durch regelmäßige Meditation gefördert werden.

Der Kontakt zum Unterbewussten kann durch Meditation gefördert werden.

Die fünf Intuitionsarten

Das Transportmittel für den Weg vom Unterbewusstsein zum Tagesgeschehen ist die Intuition. Je nachdem, wie fortgeschritten Sie sind, kommen die Antworten auf Fragen an das Unterbewusstsein sofort oder später, zu dem Zeitpunkt, zu dem Ihr Unterbewusstes es zulässt.

Insgesamt gibt es fünf Arten von Intuition:

Hellsehen: Hiermit ist das »innere Sehen« gemeint, wie wir es mehr oder weniger aus unseren Träumen kennen. Diese inneren Bilder erscheinen kurz vor dem Einschlafen, in der Entspannung als Vision in tieferen Ebenen (z. B. in der Meditation) oder aber auch in einer Ihnen eigenen Art und Weise.

Hellwissen: Hellwissen kommt nicht aus dem Kopf, dem Verstand, der Logik. Es taucht spontan auf – wie wir zu sagen pflegen, aus dem Bauch. Man handelt (meist unbewusst) aus einem inneren Wissen, so wie in dem obigen Indien-Beispiel, als ich spontan zur Unglückszeit einen anderen Sitzplatz einnahm. Viele meiner Klienten »wussten« unbewusstintuitiv und fanden über die Handlesesitzung den Weg zu ihrer inneren Stimme, indem sie sich einfach an ihre eigenen intuitiven Erfahrungen erinnerten. Intuitives Wissen ist potenziell in jedem angelegt, doch die meisten scheuen sich, diese Fähigkeit anzunehmen, z. B. weil sie sich zu unsicher oder schüchtern fühlen, um nach Intuition zu handeln.

Hellfühlen: Hellfühlende Menschen sagen: »Ich mache das einfach nach meinem Gefühl, und dann stimmt es.« Achten Sie also auch darauf, wie Ihre Sprache ist, ob Sie z. B. diesen Ausdruck verwenden. Das Hellfühlen kommt nicht aus dem Herzen, wo Verliebtsein und Mitgefühl ihren Sitz haben, sondern aus dem Bauch. In vielen Fällen

Hellfühlende Menschen verfügen meistens auch über viel Mitgefühl.

sind jedoch Hellfühlen und Mitgefühl gepaart. Viele Menschen des Typus »Hellfühlen« haben eine füllige Statur und weiche Hände.

Hellhören: Hellhörende Menschen hören innere Stimmen, die sie nicht mit dem äußeren Ohr wahrnehmen. Falls Sie zu dem Typ »Hellhören« gehören, ist es Ihre Aufgabe, aus den inneren Stimmen diejenige, die intuitiv ist, herauszufiltern. An dieser Stelle möchte ich über einen interessanten Fall berichten: Eine Frau, die sich auf den inneren Selbstfindungsweg gemacht hatte, hörte auf einmal eine intuitive Stimme, die sie führte. Sie vertraute dieser Führung und machte in ihrem Alltag nur die allerbesten Erfahrungen. Nach ungefähr einem Jahr mischten sich andere Stimmen dazu, so dass Ihre Intuition für sie nicht mehr verfügbar war. Einige Zeit später hörte sie von der altvertrauten inneren Stimme, dass es jetzt ihre Aufgabe sei, diese intuitive Stimme aus den anderen Stimmen herauszuhören und nach ihr zu handeln. Nach einem Gesamtprozess von vier Jahren war sie dazu imstande. Es wurde ihr durch ihre intuitive Stimme mitgeteilt, dass sie hierüber ein Buch schreiben sollte. Ich erinnere mich an sie als eine einfache Frau. Sie war sehr aufgeregt, als sie mir davon erzählte, und meinte: »Ich kann das doch gar nicht.« Ich konnte sie nur auf ihre eigene innere Stimme verweisen und darauf, sich selbst zu vertrauen.

Hellriechen: Solche Menschen nehmen in ihrem Inneren Gerüche wahr, die für sie von intuitiver Bedeutung sind. Sie sind mir beim Handlesen noch nicht begegnet, aber in Rebirthing-Atemsitzungen. Es kommt vor, dass die Klienten im entspannten Zustand dieser Tiefenatmung oder auch in einer Rückführung mit dem Geschehen, an das sie sich wiedererinnern, zugleich auch den Geruch wahrnehmen. Manche können sich nicht vorstellen, dass der Geruch gar nicht wirklich im Raum ist.

Jeder Mensch besitzt potenziell alle Intuitionsarten, wobei meistens eine oder zwei als Hauptstärke vorangehen. Auch Sie sind intuitiv veranlagt. Es kann sein, dass Sie keine Bilder »sehen«, sondern dass Ihre Hauptstärke z.B. das Hellfühlen ist. Versuchen Sie dann nicht, mit Gewalt »sehen« zu wollen. Wenn Sie weiter den Weg der Intuition gehen, werden bei Ihnen im Laufe der Zeit mit großer Wahrscheinlichkeit auch Bilder auftauchen.

Es erfordert oft viel Mut, der Intuition zu vertrauen und ihr zu folgen. Die Intuition muss vorangehen – und der Verstand ihr folgen!

19

Warum ist Intuition für das Handlesen so wichtig?

Wie schon beschrieben, können alle Schwächen, die in unserer Hand liegen, durch Hauptstärken ausgeglichen werden. Wir brauchen Intuition und Verstand, um über »Schwächen«, die in unserer Hand liegen, hinauszugehen. In diesem Prozess ist es wichtig, den Willen zur Veränderung aufzubringen und Wissen und Vertrauen in die eigene Intuition zu haben, also die Bereitschaft, sich von der inneren Stimme führen zu lassen.

Ein Beispiel: Meine Freundin Cornelia hat in der Merkurlinie eine große Insel, was Kommunikationsschwierigkeiten bedeutet. Als ich sie kennen lernte, sprach sie entweder sehr viel oder hielt sich völlig zurück. Ihre sehr schön geschwungenen Herzlinien in beiden Händen symbolisieren Herzlichkeit, Wärme und ein liebevolles Gemüt. Ihre kräftigen Venusberge und Daumen sprechen für eine starke Lebens- und Willenskraft. Die stark mit Linien besetzten Neptunebenen symbolisieren hohe Intuition. Die vollen Mondberge und weichen Hände drücken ihre seelischen Fähigkeiten aus, nämlich das Erahnen von Entwicklungen (Mondpotenzial) und auch die Fähigkeit mitzufühlen. Die langen Venuslinien zeigen ihr Talent zur Kunst. Auf ihren Außenhänden stiegen mir als innere Bilder »Weisheit«, »Kind« und »Orientalische Schönheit« auf. Cornelia steht dafür, dass man mit seinen Hauptstärken Schwächen überwinden kann. Unterstützt durch Selbsterfahrung lernte sie, beim Sprechen in sich hineinzufühlen. Sie fand, geführt von ihrer Intuition, eigene Worte, um die innewohnende Herzlichkeit auszudrücken. Cornelia ist heute Mutter, lebt in einer liebevollen Partnerschaft und ist durch ihre erlernte Herzenskommunikation so beliebt, dass sie sich vor Freunden kaum retten kann. Mittlerweile leitet sie Selbsterfahrungsgruppen und ihren Sinn für Schönheit bringt sie zum Ausdruck in ihren Bildern, die auf Kunstausstellungen zu sehen sind.

Jeder Mensch besitzt potenziell alle Arten von Intuition; sie sind lediglich unterschiedlich stark ausgeprägt.

Der Weg zum Aura-Handlesen

Sobald Sie in der Lage sind, sich in die Energie des Handeigners und in die Energie, die Aura, seiner Hände hineinzuversetzen, können in Ihrem Inneren Bilder aufsteigen. Diesem »sich in etwas hineinversenken« folgt eine Wahrnehmung.

Es ist so, als wenn Sie in die Wolken schauen: Sie »sehen« ein Phantasiegebilde, eine Landschaft oder ein Gesicht. Sobald Augen und Verstand loslassen, findet ein Übergang vom realen zum intuitiven Sehen statt. Sie verlieren sozusagen Ihren Kopf und öffnen sich Ihrer Intuition. Der Verstand tritt zurück an die zweite Stelle, und Sie sehen mit dem Inneren, mit dem Herzen, vertrauen Ihrer Intuition. In diesem intuitiven Sehen befinden Sie sich in einem Zustand der erweiterten Wahrnehmung. Aus ihm heraus ist Aura-Sehen möglich und – was wir für unser intuitives Handlesen brauchen, auf den Außenhänden Bilder entstehen zu lassen. In meinen Vorträgen und Seminaren mache ich mit den Teilnehmern nach einer Einstimmung durch Meditation die folgenden Übungen, um in diesen Zustand zu gelangen:

Entspannung heißt die Zauberformel für den Weg in den Alpha-Zustand.

Übung: Blickwinkelveränderung

Halten Sie die linke Hand mit gespreizten Fingern dicht vor die Augen, so dass Sie die Hand gerade schon klar erkennen können. Nun schauen Sie direkt und konzentriert auf ihren Mittelfinger, und achten Sie dabei auf Ihr Gefühl und Ihre innere Wahrnehmung. Dann blicken Sie in den Zwischenraum zum Ringfinger, sozusagen in den leeren Raum. Wechseln Sie immer wieder, bis Sie ein inneres Loslassen wahrnehmen. Sie gelangen so in eine Entspannung, in der hellsichtige Wahrnehmung möglich ist. Dieser meditative Zustand, der »Alpha-Zustand«, erinnert Sie möglicherweise an das entsprechende Zwischenstadium von Wachen und Schlafen. Immer wieder höre ich von Menschen, die diese Übung zum ersten Mal machen, dass ihre Hand aura ähnlich verschwimmt, oder sie eine Lichtlinie, die Aura, um ihre Hand sehen.
Wiederholen Sie diese Übung, und halten Sie dabei die Hand so weit wie möglich von den Augen entfernt. Notieren Sie die Ergebnisse Ihrer Beobachtungen in Ihrem Heft.

Übung: Innenschau

Entspannen Sie sich, während Sie auf Ihre Hände schauen, und fühlen Sie sich wie ein Bildhauer, der in einem banalen Marmorblock ein verborgenes Kunstwerk sieht. Fragen Sie sich aus diesem Zustand heraus, was die Hände bzw. Sie als Person gerne tun. Sind es Hände, die gerne in der Erde graben, sich mit Kräutern beschäftigen, modellieren, analysieren, schreiben, forschen, gerne ein Stück Torte zum Mund führen, essen, kochen, genießen? Finden Sie weitere Vorlieben für sich selbst, und notieren Sie die Ergebnisse Ihrer Wahrnehmung in Ihrem Heft.

Tritt der Verstand zurück, so hat das Herz Vorrang, und die Intuition wird erlebbar.

Übung: Erspüren unbewusster Neigungen

Schauen Sie auf Ihre Außenhände, und lassen Sie den Blick weicher werden – wie in den vorangegangenen Übungen. Lassen Sie den Verstand zurücktreten. Schließen Sie für einen Moment die Augen, und fragen Sie sich dann, was für Vorlieben oder versteckte Neigungen Sie haben. Erlauben Sie Gedanken, Gefühlen, eventuellen Bildern und Wahrnehmungen aufzusteigen. Wichtig ist bei dieser Übung, dass Sie Ihren Wahrnehmungen vertrauen, auch denen, die Sie mit logischem Verstand als unmöglich oder als »zu abgehoben« abtun würden. Nachfolgende Fragen dienen der Anregung und können natürlich ergänzt werden:
- Haben Sie einen Hang zur Lebensart der Indianer, Beduinen, Zigeuner, der Inkas, zu Ägypten, Lemuria, zu Galilei, den Buddhisten, berührt sie besonders der Klang eines Spinetts, eines Digeridoos?
- Berührt Sie das Mittelalter, die Steinzeit, sind Sie gerne in Höhlen?
- Fühlen Sie, dass eine tiefere Weisheit oder heilende Fähigkeiten in Ihnen schlummern?
- Wenn Sie eine Frau sind, was für ein Typ Mann wären Sie, mit welchem Beruf und welchen Eigenschaften (bzw. umgekehrt)?

Notieren Sie die Ergebnisse Ihrer Wahrnehmung in Ihrem Heft.

Übung: Auf den Außenhänden Bilder und/oder hellsichtige Wahrnehmungen kommen lassen

Schauen Sie auf Ihre Außenhände. Lassen Sie Ihren Blick wieder weicher werden. Gehen Sie in die entspannte Stimmung, den Alpha-Zustand. Schauen Sie, welche Wahrnehmungen in Ihnen aufsteigen, wenn Sie Ihre Aufmerksamkeit nicht nur auf Ihre Hände, sondern auf Ihr ganzes Leben richten. Diese Wahrnehmungen sind vergleichbar mit dem ersten oder zweiten Eindruck, den Sie von einem Menschen haben.

Vertrauen Sie Ihrer Fähigkeit, intuitiv wahrzunehmen. Wenn Sie anderen in die Hände schauen und mit dieser intuitiven Art des »Lesens«, des Aura-Lesens, bei den Außenhänden beginnen, werden Sie sich anfangs vielleicht noch bestimmte Fragen stellen, nach einigem Üben nicht mehr. Die Antworten werden automatisch in Bildern, hellsichtigen Wahrnehmungen, Botschaften aufsteigen, und es wird Ihnen leicht fallen, intuitiv die Wesenszüge der jeweiligen Person zu erfassen.

Sinn und Zweck des Aura-Lesens

Wenn Sie die Übungen durchgeführt haben, werden Sie sicher neue Informationen über sich gewonnen haben. Vielleicht ist Ihnen klar geworden, dass Sie mehr Ihre gefühlvolle oder kreative Seite ausdrücken möchten, weil Sie auf Ihren Außenhänden das Bild oder das Gefühl eines Kindes (Ihres inneren Kindes) wahrgenommen haben, das Wärme, Liebe, Spontanität und Spiel erleben möchte. Oder Sie haben aus Ihrer Vorliebe für indianische Kultur entdeckt, dass Sie tiefes Wissen und die Fähigkeit für einen heilenden Beruf besitzen. Wenn Sie auf Ihre intuitive Wahrnehmung hören, lernen Sie sich selbst zu vertrauen, getreu dem Grundsatz der Indianer: Jeder weiß alles. Alles ist in uns.

Alle Informationen liegen grundsätzlich in uns verborgen; sie warten nur darauf, entdeckt zu werden.

Naiver indianischer Schmuck zeigt, dass sich intuitive Stimmungen in Farben und Formen kreativ umsetzen lassen.

23

Die Hände ganz genau betrachten

In diesem Kapitel geht es darum, genau zu beobachten: Welche Gestalt haben Außen- und Innenhand, welche Handform liegt überhaupt vor? Mit Intuition und etwas Erfahrung lassen sich den verschiedenen Handtypen Eigenschaften zuordnen.

Der erste Blick auf die Hände

Der Blick auf die Hände beginnt an der Außenhand und wandert dann zur Innenhand. Dabei wird zuerst die rechte und dann die linke Hand angesehen. Auch das Spannungsfeld zwischen Innen- und Außenhand geht in die Betrachtung ein.

Die Außenhände stehen dafür, wie man sich der Welt zeigt. Außenhände mit knochigen Fingergelenken verweisen auf einen analytisch denkenden Typ.

Die Außenhand

Die Außenhand repräsentiert, was man der Außenwelt zeigt. Sie offenbart das, was eigentlich jeder von uns weiß, der uns gut kennt. Menschen, die kraftvoll sind, haben in der Regel auch eine kraftvolle Außenhand. Zarte und sensible Menschen haben in der Regel auch entsprechende Außenhände. Außenhände mit knochigen Fingergelenken verweisen z. B. auf einen analytisch denkenden Typus und dicke, weiche Außenhände offenbaren einen eher gemütlichen Menschen.

Übung

- Wie würden Sie Ihre Außenhände beschreiben?
- Sind sie eher stark oder zart und sensibel?
- Sind sie eher rund oder knochig?

Finden Sie weitere Unterscheidungskriterien, und notieren Sie das Ergebnis Ihrer Wahrnehmung in Ihrem Heft.

Die Innenhand

Die Innenhand steht für das verborgene Innere des Menschen, für das, was man in sich trägt. Die rechte Hand offenbart die »Realität« eines Menschen, das Machbare, das, was bewusst umgesetzt werden kann. Die Anlagen sind dem Handeigner in der Regel zugängig. Die linke Hand führt mit ihren Aussagen mehr nach innen, zum Unbewussten. Für diejenigen, die an Karma glauben, symbolisiert die linke Hand auch das, was man aus früheren Leben ins Hier und Heute mitgebracht hat. Sind beide Hände sehr unterschiedlich, kann dies gewisse Spannungen bedeuten. Die Aufgabe besteht dann darin, diese Spannungen in Harmonie zu bringen. Mehr oder weniger können Stärken der einen Hand die Schwächen der anderen Hand ausgleichen. In Indien wird traditionell nur die linke Hand gelesen. Nach meiner Erfahrung sind jedoch die Anlagen beider Hände zu verwirklichen. Erst so werden wir im Laufe unseres Lebens zu einer gereiften und weisen Persönlichkeit.

Die Qualitäten der linken Hand liegen mehr im Unbewussten. Die Qualitäten der rechten Hand sind bewusst (oder werden uns im Laufe des Lebens bewusst).

Oftmals sind die Venusberge (siehe Seite 39) oder auch die Daumen der linken und der rechten Hand unterschiedlich ausgeprägt. Der eine der beiden Venusberge kann z. B. etwas höher, weicher oder fülliger sein; der eine der beiden Daumen schmaler, kugliger oder so wie es Abb. 3 zeigt – hier ist der rechte Daumen im Nagelglied deutlich abgeflachter als der linke. Obwohl die genauen Deutungen später folgen, ist es ein guter Anfang beim Handlesen, solche Merkmale schon auf den ersten Blick herauszufinden. So unwahrscheinlich es scheinen mag: Ich erlebe es fast immer, dass jemand von den Unterschieden in seinen beiden Händen überrascht ist, weil er sie noch nie bemerkt hat. Allgemein ist zu sagen, dass (die unbewussteren) Qualitäten, die nur die linke Hand aufweist, auch gelebt werden oder zu verwirklichen sind, genauso wie die der (bewussteren) rechten Hand. Sind Fähigkeiten in beiden Händen gleichermaßen zu finden, lebt der Handeigner sie meistens aus.

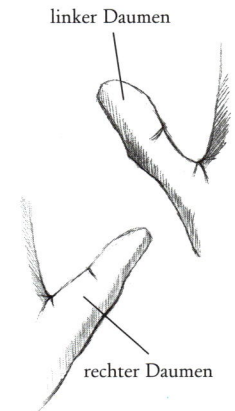

linker Daumen

rechter Daumen

Abb. 3

Übung

Betrachten Sie die Außenseiten Ihrer Hände und vergleichen Sie sie. Notieren Sie das Ergebnis und seine (Be-)Deutungen in Ihrem Heft:

● Sind die beiden Hände unterschiedlich groß?

- Welche Hand ist feiner, kräftiger, weicher, größer?
- Sind beide Daumen gleich groß und gleich dick? Halten Sie dafür Ihre Daumen seitlich, und schauen Sie von oben auf sie.
- Gibt es von dem Gesamtausdruck der Außenhände her einen signifikanten Unterschied?
- Worin unterscheiden sich die linke und die rechte Hand noch?

Die Handform gibt Auskunft über die Grundpersönlichkeit eines Menschen. Man unterscheidet vier bis fünf verschiedene Handformen.

Die verschiedenen Handformen

Bevor wir erfahren, welche Bedeutung die einzelnen Finger, Berge und Linien haben, wollen wir uns mit den verschiedenen Handtypen beschäftigen. Grundsätzlich unterscheidet man folgende vier bzw. fünf verschiedene Grundtypen:

- die quadratische Hand, die dem Element ERDE entspricht,
- die spatelförmige Hand, die dem Element FEUER entspricht,
- die ovale Hand, die dem Element WASSER entspricht,
- die spitze Hand, die dem Element LUFT entspricht,
- die Mischhand.

Jeder, ob Quadrathänder, Spatelhänder, Ovalhänder oder Spitzhänder, hat verschiedene Grundlebensausrichtungen. Der eine ist mehr Künstler, der andere mehr praktisch Arbeitender etc. Damit stellen auch die nachfolgenden Klassifizierungen der typischen »Stärken« bzw. »Schwächen« keine Wertung, sondern eine reine Informationsquelle dar. Eine Besonderheit ist die philosophische Hand. Sie hat knochige Finger und knotige Gelenke. Sie ist eine Ausnahme und wird deshalb hier nur insoweit gedeutet, dass sie über die Fähigkeit zum analytischen Denken und zur wissenschaftlichen Arbeit verfügt.

Die quadratische Hand

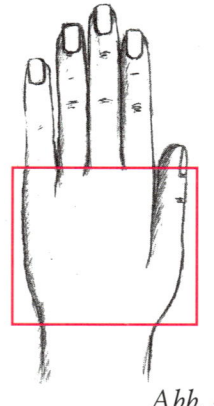

Abb. 4

Die quadratische Hand, manchmal auch eckige Hand genannt (Abb. 4) zeichnet sich dadurch aus, dass die Rumpfhand ein Rechteck, mehr oder weniger ein Quadrat, darstellt.

Quadrathänder geben ihrem Leben eine praktische Form. Der Werbeslogan »quadratisch, praktisch, gut« findet sinngemäß seinen Niederschlag. Man hält sich an die geltenden Gesetze, sucht zugleich in ihnen Sicherheit. Der Ursprung der Kraft (Handwurzel) ist genau so stark ausgestattet wie die Verwirklichungskraft (Fingerwurzel). Als Erfolg versprechend gilt, was sich in der Realität als machbar herausgestellt hat. Quadrathänder sind üblicherweise zuverlässige Menschen, die auch bereit sind, Führung und Anleitung zu akzeptieren. In der Regel weisen quadratische Hände nur wenige, aber meist kräftige Linien auf.

▶ Stärken: Bodenständigkeit, Gesetzmäßigkeit, Pflichtgefühl
▶ Schwächen: Langeweile, Schwerfälligkeit, Begeisterungsarmut.

Die spatelförmige Hand

Bei der spatelförmigen Hand (Abb. 5) finden wir die größte Breitenausdehnung in Höhe der Fingerwurzeln. Die Rumpfhand weist die Form eines nach innen zeigenden Dreiecks auf. In Höhe der Fingerwurzeln, die für Verwirklichung stehen, findet sich die größte Handbreite. Spatelhänder suchen nach einer Verwirklichung ihrer Kraft, sind ehrgeizig, zielstrebig und gehen mit einem gewissen Führungsanspruch in die Welt hinein. Die Linien der Handinnenseite sind eher kraftvoll, robust und rötlich feurig.

▶ Stärken: Führungsenergie, Ehrgeiz, Tatkraft
▶ Schwächen: Dominanz, Hektik, Rechthaberei.

Die ovale Hand

Die ovale Hand (Abb. 6) ähnelt der spatelförmigen Hand. Jedoch sind die Handaußenseiten abgerundet, wodurch sich der Eindruck einer eiförmigen Hand ergibt. So wie das Element Wasser in einem Bach fein fließend und geschwungen seinen Weg findet, so handelt es sich bei der ovalen Hand um eher fließende Handaußenseiten. Der Handeigner versucht mit den Dingen des Lebens dadurch zurechtzukommen, dass er sich anpasst und sich vom Leben den Weg zeigen lässt, ohne die Realitätsbedingungen der Welt aus den Augen zu verlieren. Gewalttätigkeit lehnt dieser Typus ab. Phantasie und Bodenständigkeit suchen in ihm

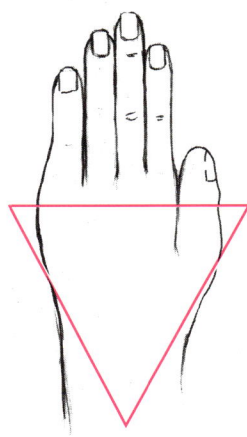

Abb. 5

Für Quadrathänder typisch ist Realitätssinn; für Spatelhänder ausgeprägtes Temperament. Ovalhänder sind gefühlvoll und verabscheuen Gewalt.

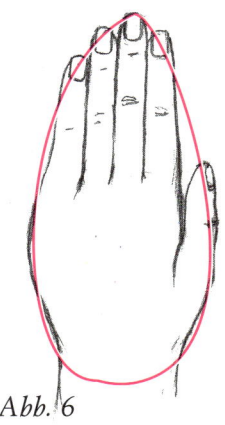

Abb. 6

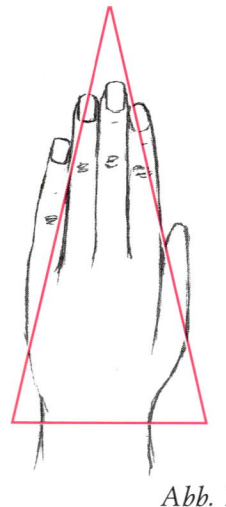

Abb. 7

Viele künstlerisch talentierte und/oder geistig interessierte Menschen verfügen über eine spitze Handform.

eine Synthese. Oft verfügt er über gefühlsmäßige und sinnliche Qualitäten. Ovalhänder brauchen die Bestätigung durch die Umwelt, dann sind sie zu erstaunlichen Leistungen fähig. Fehlt jene, sind sie gefühlsmäßig betroffen. Ihre seelische Bandbreite sucht dann einen anderweitigen Ausdruck, z. B. durch Musikgenuss, Konsum usw. Die Linien in der Innenhand von Ovalhändern sind zahlreich, klein und eher fließend. Weiche Hände sind ein Kennzeichen von Ovalhändern.

▶ Stärken: Einfühlungsvermögen, Seelentypus, Gewaltlosigkeit
▶ Schwächen: Anlehnungsbedürftigkeit, Gefühlsabhängigkeit, Umständlichkeit.

Die spitze Hand

Bei der spitzen Hand (Abb. 7) weist die Hand die Form eines nach oben zeigenden Dreiecks auf. Spitzhänder suchen die i-Tüpfelchen im Leben. Es handelt sich oft um (schön-)geistig interessierte Künstler, Mannequins oder Paradiesvögel. Dem Element Luft entsprechend schweben sie gerne in höheren Sphären. Für materielle Verwirklichung reicht oftmals nicht die Kraft. Sie sind fähig und in der Lage, andere zu betören und für eigene oder höhere Zwecke (je nach Typus) zu gewinnen. Dort, wo es Spitzhändern gelingt, sich ihren Pflichten zu stellen, ohne das Schöngeistige aus den Augen zu verlieren, können sie erfolgreich ihr Leben meistern. Die Handlinien von Spitzhändern sind meist fein, die Finger in der Regel relativ lang. Spitzhänder sind meist zart gebaut.

▶ Stärken: Anziehungskraft, Zärtlichkeit oder Kunstverständnis je nach Typus, Sinn für Höheres, geistreich
▶ Schwächen: Wirklichkeitsferne oft bis zur Haltlosigkeit, Verführbarkeit (aktiv wie passiv).

Die gemischte Hand

Menschen mit Mischhänden, die z. B. Hände mit quadratischem Handrumpf und spitzen Fingern aufweisen, vereinen sehr verschiedenartige Wesenszüge in sich. Mischhänder können die unterschiedlichen Qualitäten bündeln und gezielt einsetzen. Es gelingt ihnen, unterschiedliche Eigenschaften oder Standpunkte zusammenzubringen.

► Stärken: Mannigfaltigkeit, Einzigartigkeit, Synthesekraft, Überrückungstalent

► Schwächen: Innere Spannungen, Unzufriedenheit, Introvertiertheit, Hin- und Hergerissensein.

Die Bedeutung der einzelnen Finger

Jeder der fünf Finger einer Hand repräsentiert eine andere Qualität. Traditionell werden diese Qualitäten Planetenprinzipien zugeordnet (Abb. 8):

• Der Daumen entspricht MARS und steht für Willenskraft.

• Der Zeigefinger entspricht JUPITER und repräsentiert Selbstdarstellung.

• Der Mittelfinger entspricht SATURN und steht für Gesetz, Schicksal, auch Lebensernst.

• Der Ringfinger entspricht dem Sonnengott APOLLO und steht für Kunst und Sinn für Schönes. Er wird auch dem Planeten VENUS und damit Einfühlsamkeit und Partnerschaft zugeordnet. Der Ringfinger repräsentiert beide Qualitäten.

• Der kleine Finger entspricht MERKUR und steht für Kommunikation, Öffentlichkeitsarbeit etc.

Die einzelnen Fingerglieder

Jeder Finger verfügt über drei Fingerglieder:

• das Nagelglied,
• das Mittelglied,
• das Wurzelglied.

Beim Daumen ist das Wurzelglied in die Hand »eingebaut«. Es ist auf der Handinnenseite der Venusberg, der ab Seite 37 beschrieben wird. Die drei Glieder jedes Fingers entsprechen in etwa drei Stockwerken eines Hauses (Abb. 9):

• Dachgeschoss (Nagelglied),
• Obergeschoss (Mittelglied),
• Erdgeschoss (Wurzelglied).

In der Handlesekunst werden die Finger traditionell Planeten zugeordnet, so z. B. der Daumen dem Mars oder der Zeigefinger dem Jupiter.

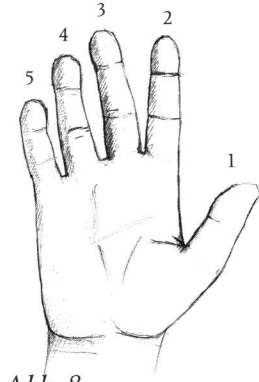

Abb. 8

1 Mars   4 Apollo
2 Jupiter   5 Merkur
3 Saturn

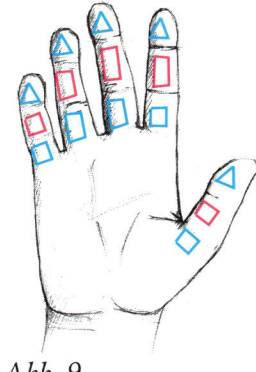

Abb. 9

△ *Dachgeschoss (Sein)*

▢ *Obergeschoss (Tun)*

▢ *Erdgeschoss (Haben)*

Jedes Glied hat dabei eine besondere Bedeutung:

- Das Wurzelglied ist das Glied des HABENS. Es offenbart den materiellen Aspekt des Handeigners, das Bewusstsein für die Auseinandersetzungen auf der materiellen Ebene, den Sinn für Körperertüchtigung und das Aufspüren von konkreten Chancen und Möglichkeiten.

Auffälligkeiten an einem Fingerglied haben eine besondere Bedeutung. Nicht so schön geformte Fingerglieder geben Auskunft über Schwächen.

- Das Mittelglied ist das Glied des TUNS. Hier geht es um die Verwirklichung praktischer Fähigkeiten und die Durchsetzung des vorgefundenen Rahmens durch eigene Aktivitäten.
- Das Nagelglied ist das Glied des SEINS. Hier finden wir die geistig-seelischen Veranlagungen des Menschen. Zahlreiche geistig-seelisch orientierte Menschen verfügen über stark ausgeprägte Fingerbeeren (Fingerkuppen).

Auffälligkeiten an einem Fingerglied offenbaren Besonderheiten. So repräsentiert z. B. ein besonders langes und starkes Mittelglied beim Daumen eine starke Vorstellungskraft.

Ein Fingerglied, das nicht so schön geformt ist, gibt Auskunft über Schwächen. Hierfür wieder ein Beispiel: Ein gebogenes oder verhältnismäßig schmales Mittelglied im Zeigefinger symbolisiert Anlehnungsbedürfnis in der Selbstdarstellung und dem Selbstwert.

Narben auf einem Fingerglied drücken Verletzungen aus, die mit dem Thema des jeweiligen Fingergliedes zusammenhängen. So bedeutet beispielsweise eine Narbe auf dem Wurzelfingerglied des linken Mittelfingers (Abb. 10) eine innere Beschneidung in den persönlichen Rechten und Strukturen.

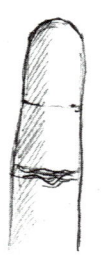

Abb. 10

Übung

Betrachten Sie Ihre Fingerglieder auf der Handaußen- und auf der Handinnenseite:

- Gibt es irgendwelche Auffälligkeiten, z. B. Narben, Verformungen usw.?
- Gibt es ein Fingerglied, das besonders stark ausgeprägt ist?
- Wie ist die Form der Fingernägel? Entspricht sie dem Grundtypus der Hand (spatelförmig, oval, spitz bzw. eckig)? Gibt es Ausnahmen?

Der Daumen

Der Daumen (lateinisch »domare« = bezwingen) repräsentiert die Willenskraft des Menschen. Wie bereits beschrieben, zeigt sich im Mittelglied die Vorstellungskraft und im Nagelglied der Willensausdruck, das heißt die Art und Weise, wie jemand seinen Willen zum Ausdruck bringt. Ist das Nagelglied rund oder kugelig (Abb. 11), ist der Willensausdruck sehr stark und/oder dominant.

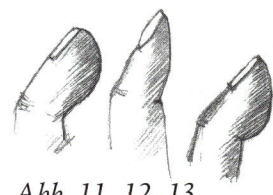

Abb. 11, 12, 13

Daumendicke und Daumenlänge

Die Dicke des Daumens gibt Auskunft über den Willensausdruck:

● Flacht der Daumen im Nagelglied stark ab (Abb. 12), ist der Willensausdruck eher schwach. Personen mit einer Beule in der Mitte oder zu Beginn des Nagelgliedes (Abb. 13) verfügen in unerlöster Form über aufgestaute Wut. Personen mit dünnem Mittelglied und starkem Nagelglied (Abb. 14) verfügen über viel Willen, aber wenig Vorstellungskraft.

Abb. 14

● Menschen mit einem starken Mittelglied und einem dünnen Nagelglied (Abb. 15) besitzen viel Vorstellungskraft, verwirklichen diese aber eher mit Zurückhaltung.

Abb. 15

● Die Daumenlänge gibt darüber Auskunft, wie stark der Wille ausgeprägt ist. Ein normal großer Daumen erreicht die Mitte des Wurzelgliedes vom Zeigefinger (Abb. 16).

● Reicht der Daumen bis an die Spitze des Wurzelgliedes vom Zeigefinger, wird er als groß bis übergroß bezeichnet (Abb. 17). Der Willensausdruck geht dann sehr weit, zum Teil sogar bis zum herrischen Auftreten.

● Erreicht der Daumen nicht einmal die Hälfte des Wurzelgliedes vom Zeigefinger (Abb. 18), ist wenig Willenskraft vorhanden.

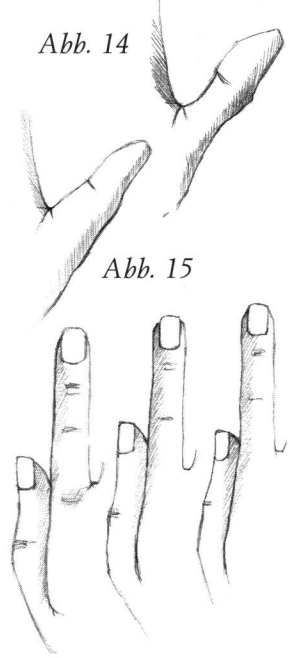

Abb. 16, 17, 18

Übergangspunkte der Daumenglieder

▶ Der Harmoniepunkt: Weist der Übergang vom Wurzelglied des Daumens zum Handgelenk eine starke Ausbuchtung (Abb. 19.1) auf, ist der Betreffende sehr harmoniebedürftig.

▶ Der Kairospunkt: Ist der Übergang zwischen Mittel- und Wurzelglied des Daumens stark ausgebuchtet (Abb. 19.2), deutet dies auf einen Menschen, für den Zeitgefühl wichtig ist.

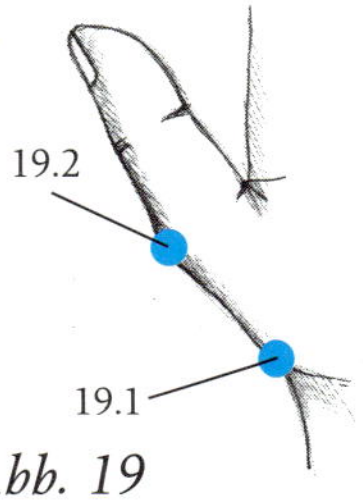

19.2

19.1

Abb. 19

Die Länge des Daumens

Der Daumen kann kurz, mittellang oder lang sein (gemessen bei eng angelegtem Daumen an den Zeigefinger).

● Kurz ist der Daumen, wenn er die Hälfte des Zeigefingerwurzelgliedes (siehe Handskizze Seite 3) nicht erreicht. Er steht dann für eine schwache Willenskraft des Handeigners.

● Ein langer, bis in das Mittelglied des Zeigefingers hineinreichender Daumen, symbolisiert Ichbezogenheit, das unbedingte Durchsetzen des eigenen Willens.

● Mittellang ist der Daumen, wenn er über die Hälfte des Wurzelgliedes hinausreicht, aber die Gelenklinien des Mittelgliedes nicht überschreitet. Dies bedeutet, dass die Person tolerant und im Berufsleben ein idealer Teamplayer ist: rücksichtsvoll und offen.

Die Daumenabspreizung

Biegen wir den Daumen nach außen, gibt es zwei zu berücksichtigende Faktoren: Biegsamkeit und Daumenabspreizung. Je biegsamer ein Daumen ist, umso idealistischer und flexibler ist der Handeigner, je starrer der Daumen, umso unbeugsamer. Generell kann man Daumenwinkel von 30, 60, 90 und solche von über 90 Grad unterscheiden und diese entsprechend ihrer unterschiedlichen Bedeutung klassifizieren:

● Daumenwinkel 30 Grad (Abb. 20): Anlehnungsbereitschaft; in unerlöster Form: Eigenwilligkeit, Unflexibilität,

● Daumenwinkel 60-90 Grad (Abb. 21): Aufgeschlossenheit, ausgewogenes Verhältnis zwischen Freiheitsdrang und Anpassungsbereitschaft,

● Daumenwinkel über 90 Grad: Aufgeschlossenheit mit verstärktem Anspruch auf Freiraum,

● Daumenwinkel über 110 Grad (Abb. 22): sehr starker Wunsch nach Freiraum, Impulsivität.

<u>Übung</u>

Prüfen Sie die Art des Willens, mit dem Sie ausgestattet sind:

● Gibt es Auffälligkeiten in der Ausprägung der Daumenglieder (Nagelglied, Mittelglied)? Was für ein Willenstypus sind Sie?

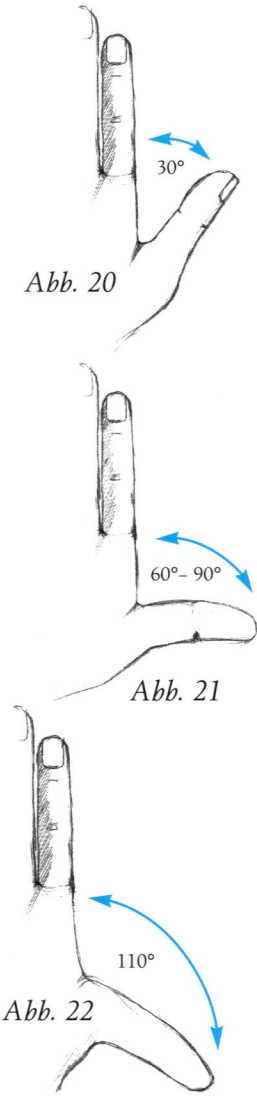

Abb. 20

30°

Abb. 21

60°- 90°

Abb. 22

110°

● Wie verläuft das Nagelglied? Dick und rund oder eher zart und gotisch zulaufend? Was schließen Sie daraus?
● Beträgt die Daumenabspreizung 30, 60, 90 oder 110 Grad? Was folgern Sie hieraus?

Der Zeigefinger (Jupiterfinger)

Der Zeigefinger steht für Selbstbewusstsein, Selbstsicherheit und Selbstwertgefühl. Ein verformter Zeigefinger steht für Einschränkungen im Selbstwertgefühl, die aber überwunden werden können.

Ein sehr stark ausgeprägter Zeigefinger symbolisiert, je nach Bewusstseinsgrad, Stolz oder Weisheit im Umgang mit den Herausforderungen des Alltags. Weiterhin steht der Zeigefinger, wie der Name bereits sagt, für die Fähigkeit, jemand anderem oder sich selbst »den Weg zeigen« zu können.

Die Länge des Zeigefingers

Der Zeigefinger kann kurz, mittel oder lang ausgeprägt sein:
● Ein kurzer Zeigefinger (deutlich kürzer als der Ringfinger) steht für ein schwaches Selbstwertgefühl, das durch Bewusstheit in Selbstsicherheit verwandelt werden kann (Abb. 23).

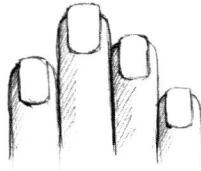

Abb. 23

● Ein langer Zeigefinger (länger als der Ringfinger) steht für Führungsqualitäten und die Fähigkeit, aus sich herauszugehen (Abb. 24).
● Ein sehr langer Zeigefinger (in derselben Länge des Mittelfingers oder sogar länger) offenbart unerlöst Eitelkeit und Überheblichkeit. In erlöster Form wirkt der Betreffende in Wirtschaft, Politik oder im Sozialwesen an einer führenden Position, wo konkret Machbares umgesetzt wird.

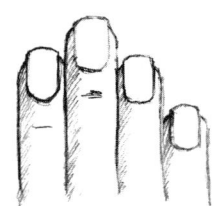

Abb. 24

Die Neigung des Zeigefingers

Ist der Zeigefinger zum Mittelfinger hin geneigt (Abb. 25) oder zu ihm hin gebogen, wird der Selbstwert von der Pflichterfüllung abhängig gemacht. Oftmals neigt ein solcher Mensch dazu, sich an die Gesellschaft anzupassen, um die notwendige Zustimmung für sein »Sosein« zu bekommen.

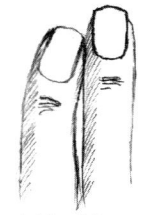

Abb. 25

Der Mittelfinger (Saturnfinger)

Ein gerader, frei stehender Mittelfinger normaler Größe zeigt Unabhängigkeit in der Verantwortung.

Der Mittelfinger ist in der Regel der längste aller Finger, und sein Mittelglied das längste aller Mittelglieder. Dieser Finger steht für Verantwortung, Durchhaltevermögen und Lebensernst. Je stärker der Mittelfinger ausgeprägt ist, umso stärker ist auch das Streben nach Verantwortung. Ist der Saturnfinger geradlinig im Verlauf, finden wir Geradlinigkeit im Umgang mit der Verantwortung. Je stärker der Mittelfinger ist, umso größer sind Schicksalsbewusstheit, Gerechtigkeitssinn und Verpflichtungsgefühl ausgeprägt.

Ist der Saturnfinger bei fehlender/schwacher Schicksalslinie und/oder schwachem Venusberg sehr lang, fühlt sich der Handeigner oftmals überfordert. Belastungen können als Leistungszwang verstanden werden. Melancholie und Neigung zum Grübeln können vorherrschen, insbesondere wenn das Mittelglied besonders stark ausgeprägt ist.

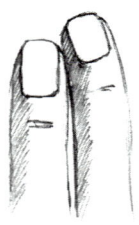

Abb. 26

Die Neigung des Mittelfingers

Der Mittelfinger kann zum Zeigefinger gebogen sein, zum Ringfinger hin oder frei stehend:

● Neigt sich der Mittelfinger zum Zeigefinger (Abb. 26), handelt es sich um eine eher extrovertierte Persönlichkeit, die gerne aus sich herausgeht.
● Neigt sich der Mittelfinger zum Ringfinger (Abb.27), überwiegen die musischen oder einfühlsamen Qualitäten, je nach Veranlagung – mit Tendenz zur Gefühlsschwere. Bei sehr starker Neigung zum Ringfinger bestehen Neigungen zu Depressionen, die aber überwunden werden können.
● Ist ein normal großer Mittelfinger gerade stehend, wird die Pflichterfüllung unabhängig von den äußeren Umständen wahrgenommen.

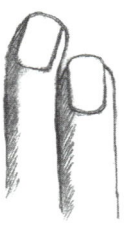

Abb. 27

Angelegter oder frei stehender Mittelfinger

In einer Handlesesitzung ist, wie bereits erwähnt, auch auf die Fingerhaltung zu achten. Der Mittelfinger kann frei stehend präsentiert werden oder auch in Anlehnung an den Zeige- oder Ringfinger:
● Sind Ringfinger und Mittelfinger zusammengelegt, spricht dies für Anlehnungsbedürfnis bis hin zu der Tendenz, sich in Partnerschaften aufzugeben.

- Sind Zeigefinger und Mittelfinger zusammengelegt, kommt es dem Handeigner besonders darauf an, Selbstsicherheit auszudrücken, bzw. die Thematik der Selbstunsicherheit steht an (je nach individuellem Entwicklungsstand).
- Ein frei stehend gehaltener, gerader Mittelfinger von normaler Größe offenbart einen selbstständigen Umgang mit Verantwortung – unabhängig vom Gutdünken der Umwelt und des Eigenwertes.

Der Ringfinger (Apollofinger)

Der Ringfinger steht für Kreativität, Einfühlsamkeit, Partnerschaftsfähigkeit. Um herauszufinden, welche dieser Veranlagungen Sie haben, sollten Sie sich die einfache Frage stellen: »Bin ich mehr kreativ oder mehr einfühlsam, oder beides?«

Der kreative Typus besitzt eine musische Einstellung, Harmonie, Schönheitssinn und Interesse für Kunst. Der einfühlsame Typus ist vertraut mit seinen Gefühlen und Empfindungen. Er lebt seine Einfühlsamkeit, indem er mit sich selbst und mit anderen mitfühlt. Inwieweit dies in der Realität gelebt und umgesetzt werden kann, zeigt sich durch eventuelle Apollolinien, die Art des Venusbergs, die Schicksalslinie usw. (siehe ab Seite 39). Allgemein gilt:

- Ist der Ringfinger kürzer als der Zeigefinger (S. 33, Abb. 24), überwiegt der logisch-ehrgeizige Aspekt im Menschen.
- Ist der Ringfinger länger als der Zeigefinger (S. 33, Abb. 23), überwiegt sein gefühlsmäßiger bzw. künstlerischer Anteil.
- Sind beide Finger gleich lang und normal geformt, sind beide Anteile gleich stark vertreten.

Neigt sich der Ringfinger zum Mittelfinger (Abb. 28), besteht Anlehnungsbedürfnis in der Partnerschaft und die Tendenz, sich selber klein zu machen und andere zu überschätzen.

Am kleinen Finger lassen sich Stärken und Schwächen hinsichtlich Kontakt und Kommunikation ablesen.

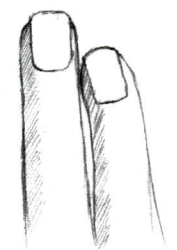

Abb. 28

Der kleine Finger (Merkurfinger)

Der kleine Finger symbolisiert Kommunikation, die Beziehung zur Umwelt, Redegewandtheit und Wissenschaft. Er steht für das Lernen, während der Zeigefinger für das Lehren steht.

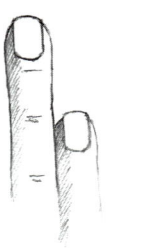

Abb. 29

Menschen mit weit abgespreiztem kleinem Finger haben in aller Regel ein großes Kommunikationsbedürfnis.

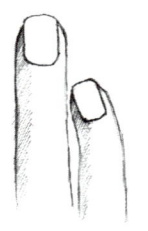

Abb. 30

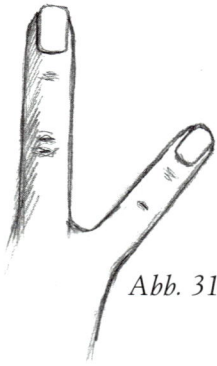

Abb. 31

Der kleine Finger kann kurz, normal oder lang ausgeprägt sein:
- Ist der kleine Finger normal lang, erreicht er den Ansatz des Nagelgliedes vom Ringfinger (Abb. 29).
- Ein kurzer kleiner Finger ist deutlich kürzer als der Ansatz des Nagelgliedes vom Ringfinger. Er weist darauf hin, dass die Aufforderung, sich mit Umwelt und Kommunikation auseinander zu setzen, dem Betreffenden oftmals unangenehm ist. Ein sehr kleiner Finger verweist auf ein »sich lieber von der Welt zurückziehen« oder innere Unreife (je nach Entwicklungsstand). Beides kann durch Selbsterfahrung überwunden werden.
- Ein langer kleiner Finger reicht über den Ansatz des Nagelgliedes vom Ringfinger hinaus und steht für kommunikative Fähigkeiten.
- Ist der kleine Finger überlang ausgeprägt, bedeutet das Redebegabung, in unerlöster Form Schwatzhaftigkeit.

Neigung oder Abspreizung des kleinen Fingers
Der kleine Finger kann nach innen gebogen, geradlinig verlaufend oder abgespreizt sein:
- Ist der kleine Finger nach innen gebogen oder zum Ringfinger geneigt (Abb. 30), wird die Kommunikation mehr oder weniger von anderen abhängig gemacht. So jemand kann dadurch einerseits zu Schlauheit und Diplomatie befähigt sein, auf der anderen Seite traut er sich oftmals nicht, seine eigene Wahrheit zu verbalisieren.
- Ein geradlinig verlaufender kleiner Finger in normaler Größe besagt, dass in der Kommunikation Geradlinigkeit und eine gewisse Unabhängigkeit vom jeweiligen Du besteht.

Nach außen stehender Finger
- Steht der kleine Finger nach außen ab (Abb. 31), handelt es sich um einen Menschen, der in die Welt hinaus möchte und seine Kommunikationskraft unabhängig vom gewohnten Umfeld ausleben will. Es besteht ein großes Interesse und Bedürfnis an mitmenschlichem Kontakt. Generell gilt: Je größer der Abspreizwinkel, desto größer ist das Kommunikationsbedürfnis.

Übung

Betrachten Sie die einzelnen Finger Ihrer Hände:

- Wie steht es um den Zeigefinger? Ist er eher lang oder kurz? Verläuft er geradlinig oder gebogen? Ist er eher angelehnt oder frei stehend? Was schließen Sie daraus?
- Der Mittelfinger, ist er lang und stark? Ist er frei stehend? Welche Besonderheiten weist er auf?
- Wie ist der Ringfinger ausgeprägt? Ist er zum Mittelfinger geneigt oder gerade verlaufend? Wie lang ist er? Können Sie Besonderheiten feststellen?
- Wie sieht Ihr kleiner Finger aus? Ist er eher kurz oder eher lang? Ist er eher abgespreizt oder an den Ringfinger angelehnt? Worauf lässt dies schließen?

Berge in der Hand sind so genannte Energietöpfe. Der Venusberg (Daumenballen) gibt Auskunft über die Grundvitalität des Menschen.

Die Berge in der Hand

In der Innenhand finden wir insgesamt zehn kleinere beziehungsweise größere Erhöhungen, die nach Planeten benannt sind (S. 39, Abb. 32). Diese Erhöhungen nennen wir Handberge. Wir unterscheiden hierbei Fingerberge und sonstige Berge. Die Bedeutung der Fingerberge entspricht den Themen der jeweiligen Finger, unterhalb derer sie liegen, wobei die Fingerberge oftmals nicht direkt unter den entsprechenden Fingern liegen, sondern häufig mehr zur einen oder anderen Seite hinüberziehen. Während die Finger ausdrücken, wie wir in die Welt hineinreichen und handeln, sind die Berge Energietöpfe, die entweder als ruhende oder als in die Welt hineinreichende Kraft (je nach Ausprägung der Finger und Handlinien) zur Verfügung stehen.

Der Venusberg (Daumenballen)

Der Venusberg (Daumenballen) liegt, von der Lebenslinie eingezeichnet, unterhalb des Daumens, also in der Regel über seinem in die Hand eingewachsenen Wurzelglied (S. 39, Abb. 32.1). Er ist üblicherweise der mit Abstand größte aller Berge.

Wie der Name richtig vermuten lässt, symbolisiert der Venusberg Lebenskraft, Lebenslust und Triebhaftigkeit. Zudem steht er für Icherhaltung, Arterhaltung und Sexualität (im Gegensatz zu dem an späterer Stelle erklärten Apolloberg, der diesbezüglich eher das Sinnlich-Feinerotische reflektiert).

- Ist der Venusberg stark ausgeprägt, verfügt diese Person über ein großes Maß an Lebenskraft, Energie, Sexualität, Unternehmungsgeist.
- Ist der Venusberg voll, hoch und fest, braucht der Betreffende sich um Nahrung, Kleidung, Lebenskraft keine Sorgen zu machen. Es handelt sich um einen Menschen, der die Probleme des Lebens kraftvoll anpackt und zusätzlich zu den genannten Attributen noch Vertrauen in sein eigenes Kraftpotenzial hat.
- Menschen mit starkem und/oder vollem Venusberg verfügen über ein angeborenes Vertrauen zu sich, der Natur und/oder Gott. Sie sind voller Vertrauen in Bezug auf die weltlichen Ressourcen und in die eigenen Vitalkräfte.
- Ist der linke Venusberg kräftiger als der rechte, ist die Grundvitalität im Menschen eher verborgen. Es ist dann die Aufgabe des Handeigners, diese in die Außenwelt zu bringen.
- Ist der Venusberg rechts kräftiger als links, ist die Grundvitalität des Menschen offensichtlich. Der Mensch lebt seine Vitalität und zeigt sie in der Außenwelt, auch wenn er im Unbewussten mit seinem Kraftpotenzial manchmal ins Schwanken gerät.
- Ein sehr hoher Daumenballen offenbart einen Menschen, der sein Leben ausgesprochen kraft- und tatenvoll in der Hand hat oder – je nach Entwicklungsstand – manchmal auch überhöhte Ansprüche an das Leben zeigt.
- Ein schwach entwickelter Venusberg symbolisiert eine zarte körperliche Konstitution oder ein relativ geringes Urvertrauen, dem Stärkung und Unterstützung gut tun.
- Ist der Venusberg stark entwickelt, aber ohne Linien, verfügt der Betreffende über starke Lebenskräfte; es mangelt ihm aber (in unerlöster Form) an Transportwegen nach außen, was sich in Triebstauungen und explosiven Reaktionen zeigen kann.

Ein schwach entwickelter Venusberg offenbart eine zarte körperliche Konstitution.

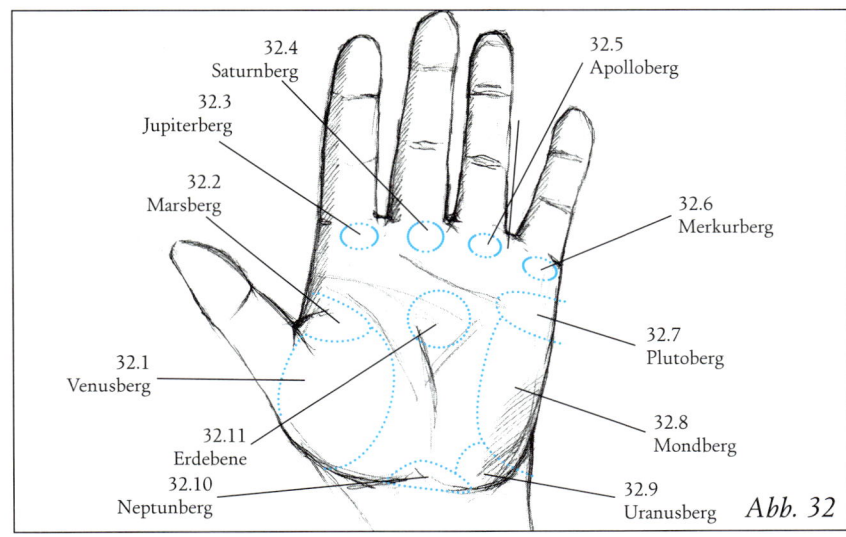

32.4
Saturnberg

32.3
Jupiterberg

32.2
Marsberg

32.5
Apolloberg

32.6
Merkurberg

32.1
Venusberg

32.7
Plutoberg

32.11
Erdebene

32.8
Mondberg

32.10
Neptunberg

32.9
Uranusberg

Abb. 32

Die verschiedenen Handberge im Überblick.

Linien auf dem Venusberg

● Waagerechte Linien, die so genannten Energielinien, die vom Daumen über den Venusberg zur Lebenslinie hinführen, bringen fruchtbare Erfahrungen im Bereich der Vitalität und in Gefühlsangelegenheiten (Abb. 33.1).

● Senkrechte Linien, die von der unteren Hand in Richtung Finger aufsteigen, sind als überwindbare Hemmungen im Vitalbereich zu deuten (Abb. 34.1), die dem Betreffenden in unerlöster Form erheblich zu schaffen machen und ernste Probleme bereiten können.

● Ergibt sich aus senkrechten und quer verlaufenden Linien ein Gitter (Abb. 34.2) auf dem Venusberg, haben wir eine »Absperrung«, in der sich Triebströme und Hindernisse kreuzen. Die vitale Gefühlssehnsucht muss Hindernisse überwinden, um »aus dem Gefängnis aussteigen« und zur Entfaltung kommen zu können.

● Verfügt der rechte Daumenballen über ein Gitter und der linke vorwiegend über Querlinien, sind die Hindernisse für ein Ausleben der Vitalkräfte eher im Äußeren zu finden; sie können jedoch durch Kontakt mit den unbewussten Kräften und im Vertrauen auf sie überwunden werden, so dass große Erfolge vorprogrammiert sind. Allerdings erfordert dies ein konsequentes Bemühen.

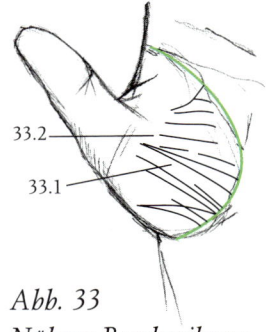

33.2

33.1

Abb. 33
Nähere Beschreibung von 33.2, siehe Seite 56.

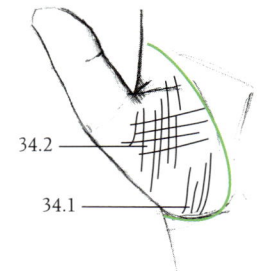

34.2

34.1

Abb. 34

39

Der Venusberg im Gesamtbild der Hand

Betrachtet man den Venusberg im Gesamtbild der Hand, ergibt sich folgende Deutung:

- Menschen mit langem Daumen und flachem Venusberg sind mehr willenstark als emotional veranlagt.
- Ist der Daumen kurz und der Venusberg voll, überwiegt die vitalgefühlvolle Komponente.
- Bei vollem Venusberg und ausgeprägtem Zeigefinger kann der Ehrgeiz eine Partnerschaft in puncto Lebenskraft, Vertrauen und Sexualität beflügeln oder aber unter Druck setzen.
- Ist der Mittelfinger bei starkem Venusberg gut geformt, verbinden sich idealerweise Treue, Ernsthaftigkeit, Lebenskraft und Lebensfreude.

Übung

1. Fühlen Sie den Venusberg Ihrer rechten Hand. Prüfen Sie durch gefühlvolles Drücken seine Festigkeit. Nehmen Sie ihn in Augenschein, und notieren Sie das Ergebnis Ihrer Wahrnehmung in Ihrem Heft:

- Ist der Venusberg gewölbt oder eher flach?
- Ist er fest oder eher weich?
- Sind auf dem Daumenballen Querlinien, senkrechte Linien oder Gitter zu sehen?
- Welche weiteren Besonderheiten fallen Ihnen auf?

2. Welche Rückschlüsse lässt die Prüfung des Venusbergs auf Ihre Persönlichkeit zu?

3. Prüfen Sie dann die linke Hand, und notieren Sie Ihre Beobachtung und die entsprechende Bedeutung.

Der Marsberg

Ein stark entwickelter Marsberg offenbart Energiepotenziale, die für die Selbstdurchsetzung zur Verfügung gestellt werden.

Der Marsberg (S. 39, Abb. 32.2) liegt in der Handfalte zwischen Daumen und Zeigefinger und wird deutlich, wenn wir bei ausgestreckter Hand den Daumen hin und her bewegen. Der Marsberg ist ein Energiereservoir zur Selbstdurchsetzung und zur Auseinandersetzung mit dem Leben. Er steht für Unabhängigkeitskraft, Willensstärke, Tatendrang und Angriffslust im doppelten Wortsinn (»jemanden angreifen« und »etwas angreifen/anpacken«). Symbolisiert der Venusberg vitale Triebkraft, ist der Marsberg mehr als motorische Energie und als Durchsetzungskraft (»gegen etwas«) anzusehen. Ein zu stark entwickelter Marsberg offenbart einen »angriffsfreudigen« Typ.

● Ist der Marsberg hoch, aber weich, besteht das Bedürfnis, sich mit dem Leben kampfhaft auseinander zu setzen. Die Kämpfe werden allerdings eher auf einer subtilen Ebene ausgetragen, wobei in der Regel direkte Konflikte vermieden werden. Die Personen benötigen Unterstützung und Motivation, um Dinge anzupacken und Konflikte auszutragen, weil das Bewältigungspotenzial latent vorhanden ist.

● Ein flacher Marsberg offenbart einen Menschen, der weniger zur kämpferischen Auseinandersetzung als vielmehr zum verständnisvollen Vorgehen im Leben neigt. Oftmals verspürt der Betreffende Energiemangel, wenn es ums Kämpfen geht.

● Menschen ohne Marsberg suchen die Harmonie und sind in der Regel eher bereit, ihren eigenen Widerwillen mit Humor zu betrachten und Streit zu vermeiden.

● Ist der Marsberg rechts stärker als links, wird oftmals ein offener Kampf angestrebt, der aber gar nicht so aggressiv gemeint ist, wie er nach außen getragen worden ist.

● Ist der Marsberg links stärker als rechts, neigt der Betreffende dazu, äußerlich klein beizugeben. Konflikte trägt er mehr mit sich, in seinen Gedanken aus, bzw. sie bleiben ihm unbewusst und werden nur als diffuses Gefühl wahrgenommen.

Ist der Marsberg links stärker als rechts, trägt dieser Mensch äußere Konflikte eher in sich alleine aus.

Der Marsberg im Gesamtbild der Hand

Betrachtet man den Marsberg im Gesamtbild der Hand, ergibt sich folgende Deutung:

● Ist bei starkem Marsberg zugleich der Daumen besonders stark entwickelt, kämpft dieser Mensch nur für sich selbst. Selbstwahrnehmungsprozesse ermöglichen ihm später, auch für andere zu kämpfen.

● Bei starkem Marsberg und ausgeprägtem Zeigefinger wird die Energie auf die Durchsetzung geistiger oder selbstbezogener Ziele gelegt. Dies bringt in vielen Fällen die Neigung mit sich, andere zu bevormunden.

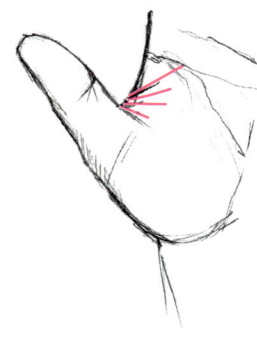

Abb. 35

• Menschen mit stark entwickeltem Marsberg und ausgeprägtem Saturnfinger kämpfen mehr für überpersönliche Ziele oder aus Pflichtbewusstsein heraus, weniger aus Egoismus.

• Die Fingerbeeren (Erhöhung des Nagelgliedes auf der Innenhand), siehe Handskizze Seite 3, stehen für Härte, Brutalität oder Sensibilität, mit Marsbergbesitzer streiten: Je härter die Fingerbeeren sich anfühlen, umso massiver geht es im Streitfall zur Sache. Eine Ausnahme ist dann gegeben, wenn die Herzlinie (siehe Seite 65, Abb. 49.3) ausgeprägt, schön geschwungen und tief gezeichnet ist.

• Generell zu den Fingerbeeren: Je höher sie sind, umso sensibler (bzw. nervöser je nach Disposition) ist der Handeigner.

• Linien vom Marsberg in Richtung Lebenslinie transportieren Durchsetzungsenergie in das Leben das Handeigners (Abb. 35).

• Ein linienloser, aber stark entwickelter Marsberg deutet auf ein großes Angriffspotenzial, das nicht abfließen kann – Explosionsgefahr!

Der Jupiterberg (Zeigefingerberg)

Der Jupiterberg (S. 39, Abb. 32.3) liegt unterhalb des Zeigefingers, meist leicht versetzt zum Mittelfinger hinziehend. Er steht für persönlichen Geltungstrieb, Selbstsicherheit, den Wunsch nach einer Führungsposition, nach Repräsentation und Selbstdarstellung. Auch den Wunsch nach materiellem Erfolg finden wir hier.

Der Jupiterberg steht für persönlichen Geltungstrieb und materiellen Erfolg.

• Ist der Jupiterberg überstark ausgeprägt, so weist dies auf Machtansprüche und/oder zu großen Eifer nach materiellem Erfolg hin.

Der Jupiterberg im Gesamtbild

Die Betrachtung des Jupiterbergs im Gesamtbild ergibt folgende Deutung:

• Ist der Jupiterberg stark ausgeprägt, und ist der Zeigefinger, auch Jupiterfinger genannt, kurz und schwach, ist das Potenzial für die Selbstdarstellung und für das Einstehen eigener Überzeugungen vorhanden; es fällt jedoch schwer, es nach außen zu tragen. Es besteht die Gefahr, dass der Wunsch nach Zurschaustellung in Selbstüberschätzung mündet.

• Ist ein schwach ausgeprägter Jupiterberg einem starken Zeigefinger vorgelagert, besteht das Bedürfnis nach Selbstdarstellung. Das Potenzial dafür ist jedoch nicht vorhanden. Der Energietopf für derartige Ambitionen ist nicht voll (es sei denn, die jeweilige Person kann auf andere Bergpotenziale zurückgreifen).

● Sind Jupiterberg und Zeigefinger zu stark ausgeprägt, wird der Betreffende von seiner Umwelt oft als »die anderen an die Wand drückend« empfunden.

● Je mehr der Jupiterberg zum Mittelfinger hinzieht, um so stärker paart sich Verantwortungsbewusstsein und Pflichtgefühl mit persönlichem Ehrgeiz. Persönliches wird zugunsten pflichtgetreuer Erfüllung zurückgenommen.

● Ein Quadrat (siehe Seite 87) auf dem Jupiterberg (Abb. 36.1) weist auf die erfolgreiche Fähigkeit hin, andere zu lehren oder ihnen etwas durch eigenes Beispiel zu vermitteln.

Der Saturnberg (Mittelfingerberg)

Der Saturnberg (S. 39, Abb. 32.4) liegt unterhalb des Mittelfingers und ist in der Regel entweder zum Zeigefinger oder zum Ringfinger hin verschoben. Er steht für das Energiepotenzial von Verantwortung, Erfolg, Zielfindung, Lebensernst.

● Ein stark ausgeprägter Saturnberg weist darauf hin, dass Energiepotenzial für Selbstdisziplin und zum Tragen von Verantwortung vorhanden ist. Auch steht er für einen starken Sinn für das Machbare. Oft handelt es sich um einen »Realisten«, der auf Beständigkeit setzt. Aber auch Eigensinnigkeit kann eine häufig anzutreffende Begleiterscheinung dieser Disposition sein.

● Ist der Saturnberg in der rechten Hand stärker ausgeprägt, sucht und findet das Pflichtgefühl eine äußere Projektionsfläche. Ist zudem der Mittelfinger (und die Schicksalslinie) stark ausgeprägt, können Lebensaufgaben mit Erfolg umgesetzt werden.

● Ist der Saturnberg in der linken Hand stärker ausgeprägt, wird der Lebensernst im Inneren getragen und kann nicht so leicht eine äußere Projektionsfläche zur Umsetzung finden. Dies kann in unerlöster Form zu Depressionen oder zum Wunsch nach Weltverzicht führen. In erlöster Form handelt es sich um jemanden, der auf das Beständige setzt und

Der Saturnberg symbolisiert das Potenzial zur Übernahme von Verantwortung. Ist der Saturnberg in der rechten Hand gut ausgeprägt, hat der Betreffende den starken Wunsch, Lebensaufgaben verantwortungsbewusst zu bewältigen.

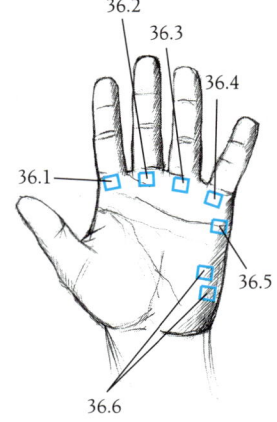

Abb. 36

Der Apolloberg symbolisiert Potenzial für Kunst, Ästhetik und zwischenmenschliche Einfühlung bzw. Partnerschaftsfähigkeit.

sich selbst treu bleibt. Der Saturnberg wird in dem Fall als im Inneren getragene Verantwortung empfunden, die lebbar ist.

● Zieht der Saturnberg zum Ringfingerberg hin, spricht dies für idealistischen Ernst. Die strebsame und pflichtbewusste Energie kann zur Entfaltung von Kreativität, Zufriedenheit und für die Gestaltung einfühlsamer Beziehungen genutzt werden.

● Ist der Saturnberg im Jupiterberg aufgegangen, spricht dies für Ehrgeizstreben nach höchsten Positionen.

● Ein Quadrat (siehe Seite 87) auf dem Saturnberg weist darauf hin, dass jemand in schwierigen Situationen sich zu helfen weiß oder Hilfe bekommt (S. 39, Abb. 36.2).

Der Apolloberg (Ringfingerberg)

Der Apolloberg liegt unterhalb des Ringfingers (S. 39, Abb. 32.5). Er bietet Potenzial für Kunst und idealistische Ziele sowie den Sinn für Ästhetik. Je nach persönlicher Eigenart symbolisiert er auch partnerschaftliche Ambitionen und Einfühlsamkeit, sowie feinsinnige Erotik.

● Ein ausgeprägter Apolloberg weist je nach persönlicher Disposition auf künstlerisches Potenzial, Schmucksucht (»Schickeria«) oder seelisches Einfühlungsvermögen hin.

● Ein schwacher oder fast nicht vorhandener Apolloberg weist darauf hin, dass das Thema von Kunst/Ästhetik und besonderem Einfühlungsvermögen nicht so sehr im Vordergrund steht. (Für Aussagen bezüglich des Einfühlungsvermögens ist die Herzlinie zu betrachten.)

● Ist der Apolloberg in der rechten Hand stärker ausgeprägt, zeigt sich das Bedürfnis nach Kunst, Ästhetik, Schönheit.

● Ist der Apolloberg in der linken Hand besonders stark ausgeprägt, spricht dies für ein sonniges Gemüt.

● Ist der Apolloberg in Richtung zum kleinen Finger hin verschoben, besteht das Bedürfnis, über Schönheit und Ästhetik zu kommunizieren.

● Ein Quadrat auf dem Apolloberg (S. 43, Abb. 36.3) stellt Erfolg versprechende Talente im Bereich der Kunst bzw. des Einfühlungsvermögens dar und spricht dafür, dass der Betreffende in der Lage ist, mit dieser Fähigkeit Geld zu verdienen bzw. sie professionell zu nutzen.

Der Merkurberg (Kleinfingerberg)

Der Merkurberg liegt unterhalb des kleinen Fingers (S. 39, Abb. 32.6). Er steht für das Wirken in der Außenwelt. Dazu gehören kaufmännische Fähigkeiten sowie der kluge Einsatz von Logik und Vernunft, vor allem die Fähigkeit zur Kommunikation.

- Ist der Merkurberg betont, spricht dies für einen scharfen Verstand oder auch für einen stark ausgeprägten Erwerbssinn.
- Im Zusammenhang mit einem stark ausgeprägten Merkurfinger steht ein starker Merkurberg für geschäftlichen Spürsinn, insbesondere dann, wenn zusätzlich die Neptundreiecke (Intuition) stark ausgebildet sind.
- Ein schwacher Merkurberg kann sich unter anderem auch in nervlicher Angespanntheit ausdrücken, insbesondere dann, wenn die zu ihm hinführende Merkurlinie gestrichelt ist.
- Je mehr der Merkurberg in Richtung Ringfinger hin verzogen ist, umso mehr kommt die vermittelnde Fähigkeit Merkurs der Kunst, höheren Idealen bzw. der seelischen Einfühlung zugute (z. B. in Form von Schriftstellerei oder individueller Zielfindung).
- Ist der Merkurberg in der rechten Hand stärker als in der linken, ist Potenzial vorhanden, um in der äußeren Welt vernünftig zu handeln.
- Ist der Merkurberg in der linken Hand stärker als in der rechten, steht die Vernunft eher im unbewussten Bereich zur Verfügung. Es liegt eine Herausforderung darin, sie ins Bewusstsein zu heben.
- Ein Quadrat auf Merkurberg (S. 43, Abb. 36.4) bedeutet Schutz in materiellen Dingen, Fähigkeit zur Kommunikation und Erfolg in beidem.
- Ist die gesamte Hand eher fein, zeigt ein ausgeprägter Merkurberg Feingefühl in der Kommunikation an; bei einer kräftigen Hand wird die Kommunikation dann in stärkerer Weise dargestellt.

Der Merkurberg symbolisiert Potenzial für Kommunikation, Rede, Schrift und auch kaufmännisches Geschick, je nach Disposition des Betreffenden.

Der Plutoberg

Der Plutoberg (S. 39, Abb. 32.7) liegt unterhalb des Merkurbergs, manchmal nach außen versetzt. Während der Marsberg für den offensichtlichen Drang nach Machtausübung und der Jupiterberg für den Machtanspruch steht, symbolisiert der Plutoberg unter anderem die geheimnisvolle Macht, die aus der Masse (dem Kollektiv) gewonnen

Der Plutoberg symbolisiert intuitive Gaben im Umgang mit der Masse, kollektive Macht und magisch-okkulte Fähigkeiten.

werden kann, den Zugang zur kollektiven Macht. Neben okkulten Begabungen und Potenzial für magisch-suggestive Kräfte offenbart der Plutoberg die Intuition für die Masse.

● Ein stark ausgeprägter Plutoberg, insbesondere in der rechten Hand, steht für okkulte Fähigkeiten und/oder offenbart das Bedürfnis, sich gegenüber der Masse durchzusetzen. Dies kann sich in dem aufrichtigen Bedürfnis, die Masse positiv zu verändern, aber auch in Fanatismus und Demagogie ausdrücken.

● Ist der Plutoberg in der linken Hand stärker ausgeprägt als in der rechten, können Zugang zu okkulten Kräften und Machtbedürfnis dem Handeigner gar nicht bewusst sein.

● Ein Quadrat auf dem Plutoberg (S.43, Abb. 36.5) offenbart Geschick im Umgang mit dem Okkulten und mit der Masse und ist in der Regel als glücksbringender Hinweis anzusehen dafür, dass diese Qualitäten zum Wohle des Ganzen eingesetzt werden.

● Ist bei ausgeprägtem Plutoberg die Merkurkomponente (Merkurfinger, Merkurberg oder Merkurlinie) ebenfalls stark ausgeprägt, wird das okkulte Machtstreben intellektuell vermittelt. Dies lässt den Handeigner im Auftreten oftmals geschmeidiger und verträglicher als üblich erscheinen.

Der Mondberg

Der Mondberg (S. 39, Abb. 32.8) liegt an der Handaußenseite der Innenhand zwischen Plutoberg und Uranusberg. Er ist nach dem Venusberg der zweitgrößte Handberg. Der Mondberg verweist wie der Plutoberg auf etwas Geheimnisvolles, allerdings in einer etwas anderen Ausdrucksform. Die Kraft des Träumens, das Verstehen der Träume, die Bilderwelt der Seele und das Verstehen ohne Worte sind dort beheimatet. Auch das Potenzial für Mythen, Sagen sowie die Kraft der »Erinnerung« haben dort ihren Sitz. Wer aus seinem Unterbewusstsein heraus kreativ schöpfen will, kann einen starken Mondberg mit entsprechender Linienbesetzung gut gebrauchen. Der Zugang über den Mondberg kann bis zum individuellen Unterbewusstsein reichen. Auch das Ahnen von Dingen jenseits der Ratio kann aus dem Bereich des Mondbergs stammen.

- Ein flacher Mondberg lässt auf Realitätssinn schließen.
- Ist der Mondberg gut ausgeprägt und mit waagerechten Linien besetzt, verfügt das Unterbewusstsein auch über die Fähigkeit, die Geschehnisse der Außenwelt aufzunehmen und abzuspeichern.
- Ein zu stark ausgeprägter Mondberg ohne Linien (der so genannte »gestaute Mondberg«) bringt in unerlöster Form die Neigung zum Wachträumen, zum seelischen Gekränktsein bis hin zum Kränkeln mit sich, weil der Drang des Unterbewusstseins stark ist, aber durch Bewusstheit (Selbsterfahrung) wieder in den Fluss gebracht werden kann.
- Ist der Mondberg in der rechten Hand stärker ausgeprägt als in der linken, ist der Zugang zum Unterbewusstsein, auch zu den eigenen Launen, Stimmungen und Erinnerungen leichter.
- Ist der Mondberg in der linken Hand stärker ausgeprägt als in der rechten, hat dieser Mensch eher unbewussten Zugang zu den seelischen und phantasievollen Kräften. Stimmungen wirken ein, über deren Ursprung man sich in der Regel nicht bewusst ist – es sei denn, die waagerechte Mond- und die Merkurlinie sind stark ausgeprägt, oder der Betreffende erforscht diese Kräfte und Stimmungen durch intensive Meditation und Selbsterfahrung.

Der Mondberg ist der Sitz der Seele, der Phantasie und der Launenhaftigkeit. Der Mondberg symbolisiert unter anderem den Zugang zur Bilderwelt der Seele.

Der Mondberg im Gesamtbild der Hand

- Sind Mondberg, Neptunbereich und Plutoberg stark ausgeprägt, steht – bei entsprechend gut ausgeprägtem Linienbild – der gesamte unbewusste Bereich (Hellsehen) zur Verfügung, um auch auf die Masse einzuwirken.
- Sind der Mondberg und gleichzeitig die Herzlinie (S. 65, Abb. 49.3) stark ausgeprägt, verfügt der Handeigner über eine starke Fähigkeit, Geborgenheit zu geben (»die große Mutter«), oder den Wunsch zu beschützen und umsorgt zu werden, je nach Entwicklungsstand.
- Ist der Mondberg sehr stark, und sind gleichzeitig Merkurberg und Merkurfinger schwach ausgeprägt, neigt der Betreffende dazu, mehr auf Launen zu geben, als auf Tatsachen zu reagieren.
- Ein Quadrat auf dem Mondberg (S. 43, Abb. 36.6) steht für die Fähigkeit, aus dem Seelischen zu schöpfen und damit Erfolg zu haben, z. B. für Kunst, Phantasie, die Fähigkeit, die innere Bilderwelt zu verstehen etc.

Der Uranusberg

Der Uranusberg (S. 39, Abb. 32.9) liegt unterhalb des Mondbergs an der Handaußenkante unten am Handgelenk. Er steht für das Potenzial zu Ideen, Erkenntnissen, Einfällen – für Originalität und Überraschungen. Auch starke seelische Spannungen, die sich blitzartig in Erkenntnissen oder Interaktionen entladen, sowie der Drang, eigene Wege zu gehen, werden durch den Uranusberg symbolisiert.

● Ein stark ausgeprägter Uranusberg steht für Originalität, Unabhängigkeitsdrang und ungewöhnliche Einfälle. Auch überraschende Einladungen sowie ungewöhnliche Begegnungen sind durch ihn angelegt.

● Ist der Uranusberg in der rechten Hand stärker ausgeprägt als in der linken, ist sich dieser Mensch seiner Originalität bewusst.

● Ist der Uranusberg in der linken Hand stärker ausgeprägt als in der rechten, wirkt das Potenzial auf eine meist unbewusste Weise: Der Betreffende ist vielleicht originell, aber sich dessen nicht bewusst.

● Sind Plutoberg, Mondberg, Neptun- und Uranusberg stark ausgeprägt, sind die archetypischen Kräfte, die von der »Oberwelt« (Inspiration) und von der »Unterwelt« (Unterbewusstes/Unbewusstes) auf die Seele einwirken, gut miteinander verschmolzen.

Der Neptunberg

In Form und Gestalt eher eine Ebene, befindet sich der Neptunberg (S. 39, Abb. 32.10) in der Mitte oberhalb des Handgelenks. Er repräsentiert den Zugang zu den sensitiven Bereichen und zu den feinstofflichen ungeordneten Daseinsebenen. Auch der Instinkt für die richtige Reaktion im Alltag, das Wissen der Urmutter, archaische Urbilder und Zugang zum kollektiven Unbewussten sowie animalische Sehnsüchte sind hier beheimatet.

● Ein stark ausgeprägter Neptunberg mit Linienbesetzung wird allgemein günstig gewertet. Potenzial für Hellsehen, Medialität, mystische Einfühlung (v. a. bei ausgeprägtem Mondberg) ist vorhanden. Ist zugleich der weltliche Bereich gut ausgeprägt, steht diese Disposition für einen gesunden Urinstinkt (Wittern von Gefahr), wie Indianer ihn naturgemäß haben.

● Ein zu stark ausgeprägter Neptunberg ohne Linien bringt Veranlagung zu Selbstmitleid mit sich, eventuell auch zu Lüge und Betrug, weil die

In der indianischen Kultur vertraut man dem Urinstinkt.

tief greifende Energie keinen geordneten Weg in die Welt findet. Bewusstseinsarbeit kann den Weg zu einem gesunden Instinkt ebnen.

● Ein zu weicher Neptunberg deutet auf Beeinflussbarkeit, Suchtpotenzial sowie den unrealistischen Drang zur Ichauflösung hin. Die Festigkeit fehlt, um angesichts der sensiblen Einflüsse des Übersinnlichen die Füße auf dem Boden zu behalten. Durch Unterstützung, Halt und Selbsterfahrung kann der Handeigner lernen, seine Mitte zu finden, und durch die Bewältigung seiner Erfahrungen Stabilität gewinnen.

● Führt die Saturnlinie (S. 71, Abb. 56.1) durch einen gut entwickelten Neptunberg, bedeutet dies, dass beim Handeigner die Anlage vorhanden ist, verantwortungsbewusst einen spirituellen Weg zu gehen, ohne seine weltlichen Pflichten zu vernachlässigen.

Menschen mit einem stark ausgeprägten Neptunberg verfügen über das Potenzial für einen gesunden Urinstinkt.

Die Erdebene

Sie liegt in der Mitte des Handtellers (S. 39, Abb. 32.11) wie in einem Tal, umringt von Handbergen als Platz der Integration, des sozialen Gefüges, und steht für das, was wir durch unser »Sosein« in die Erde hineinbringen.

● Je tiefer die Erdebene liegt, umso mehr besteht beim Handeigner das dringende Bedürfnis nach Tiefgang.

- Je fleischiger und angehobener die Erdebene ist, umso mehr handelt es sich um einen Menschen, der sich in solchen geographischen Regionen beheimatet sieht, in denen das Leben leicht bis oberflächlich genommen wird.
- Linien, die durch die Erdebene laufen, sind für das Erdenleben besonders wichtig.
- Störungen, Verletzungen, Zeichen (siehe Seite 87–89), die sich in der Handtellermitte zeigen, sind für das Erdenleben von besonders prägnanter Bedeutung. Sie sind Hilfen oder Schwierigkeiten (je nach Disposition) für eine ganzheitliche Integration.

Übung

1. Betrachten Sie Ihre Handberge in der rechten und in der linken Hand. Nehmen Sie sich dafür einen Berg nach dem anderen vor, und tragen Sie das Ergebnis Ihrer Untersuchung in Ihr Heft ein:
- Welcher Berg ist besonders stark, welcher eher schwach ausgebildet?
- Wie sieht es mit der Festigkeit der einzelnen Berge aus?
- Sind auffällige Zeichen (siehe Seite 87–89) auf den Bergen vorhanden?
- Gibt es Linien, die durch einzelne Berge verlaufen?
- Welche Berge sind in der rechten Hand stärker ausgeprägt, welche in der linken Hand?
- Welche Bedeutungen und Konsequenzen ergeben sich daraus für Ihre Persönlichkeit?

Die Erdebene liegt in der Mitte des Handtellers. Menschen mit einer tief liegenden Erdebene sind an Tiefgründigem interessiert.

2. Halten Sie Ihre Hand seitlich, und fixieren Sie den Blick auf die Erdebene in der Mitte des Handtellers. Betrachten Sie von da aus die anderen Berge, Linien, Energieströmungen, und notieren Sie das Ergebnis Ihrer Beobachtungen in Ihrem Heft:
- Wie ist die Erdebene ausgestattet: flach oder angehoben? Tief, klein oder großflächig?
- Welche Auffälligkeiten sind zu bemerken? Gibt es Verletzungen, Linien, Zeichen?
- Welche Berge haben guten Zugang zur Erdebene, welche scheinen eher »blockiert« zu sein?

Die Hauptlinien

Betrachten wir die Handberge als Teile einer Landschaft, können wir die Handlinien mit Flüssen vergleichen. Flüsse können trennen oder verbinden. Wenn wir die Linien einer Hand lesen, sind ähnlich wie bei einem Fluss die Richtung und der Verlauf von Bedeutung. Hierbei können die Linien als Ströme angesehen werden, die Energien transportieren.

▶ Linien, die durch einen der Berge führen, bieten die Möglichkeit, das dort vorhandene Potenzial umzusetzen und so die Energie, die sich in dem Berg befindet, abzuleiten, sie zu leben.

▶ Linien können tief sein. Dies spricht für bedeutungsstarke Prägung.

▶ Breite Linien deuten ein Ausufern der jeweiligen Energie an.

▶ Sind sie schmal, wellig oder fein, ist der Energiestrom entsprechend eingeengt, variabel oder fein, entsprechend einem Fluss, der seinen Verlauf finden und ausdrücken muss.

▶ Gebogene oder fein geschwungene Linien gelten als weiblich.

▶ Gerade Linien gelten als männlich.

▶ Grundsätzlich kann man sagen, dass Menschen mit weniger Linien ein unkomplizierteres Leben haben.

Handlinien können breit oder schmal, lang oder kurz, tief oder flach sein. Je ähnlicher sich die Linien der rechten und der linken Hand sind, umso mehr steht der Mensch in Einklang mit sich selbst.

Die drei Hauptlinien sind die Lebenslinie (Abb. 37.1), die Herzlinie (Abb. 37.2) und die Kopflinie (Abb. 37.3). Sie symbolisieren die drei Persönlichkeitsanteile Körper, Seele und Geist. Der Verlauf dieser drei Linien bleibt im Laufe des Lebens normalerweise konstant. Es kann jedoch sein, dass sie sich bei starken individuellen Veränderungen ebenfalls verändern, die Linien tiefer, flacher, klarer werden. Für die Nebenlinien (siehe ab Seite 70) besteht bezüglich der Veränderungsmöglichkeit im Laufe des Lebens mehr Spielraum; sie können neu entstehen oder verschwinden.

Die Lebenslinie (Vitalis)

Die Lebenslinie beginnt zwischen Daumen und Zeigefinger und verläuft um den Handballen herum in Richtung Handgelenk (Abb. 37.1).

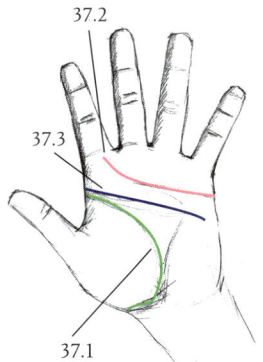

Abb. 37

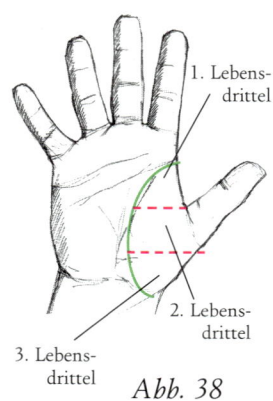

1. Lebens-
drittel

2. Lebens-
drittel

3. Lebens-
drittel

Abb. 38

Sie steht für Vitalkraft, Gesundheit und biologische Substanz. Die Lebenslinie wird von oben nach unten gelesen, sie beginnt also in dem Bereich zwischen Daumen und Zeigefinger. In anderen Kulturen wird die Lebenslinie auch von unten nach oben gelesen! Klassische Handleseschulen haben sie mit der Lebensdauer gekoppelt und daraus einen Zeitschlüssel entwickelt, der mit Vorbehalt anzuwenden ist (Abb. 38). Zeichen (Seite 87–89) auf der Lebenslinie deuten Ereignisse und Potenziale an, die anhand des Zeitschlüssels einem gewissen Lebenszeitpunkt zugeordnet werden können. Wie schon in diesem Buch erwähnt, zeigt die Lebenslinie nicht die Lebensdauer eines Menschen an (siehe Seite 8), sondern den Ablauf des Lebens in seiner vitalen Intensität, den Lebensweg des Handeigners aus der vitalen Sicht.

Länge und Ausprägung der Lebenslinie

Eine lange und tief ausgeprägte Lebenslinie (Abb. 39.1) bedeutet, dass das Leben in seiner vitalen Intensität bis ins hohe Alter gelebt wird. Eine kurze Lebenslinie (Abb. 39.2) bedeutet nicht ein kurzes Leben, sondern steht für eine Betonung der vitalen Lebensintensität in der ersten Lebenshälfte. Dort, wo die Lebenslinie stark ausgeprägt ist, wird das Leben in seiner vitalen Intensität wahrgenommen. Dort, wo die Lebenslinie feiner oder nicht mehr vorhanden ist, spielen andere Faktoren eine wichtigere Rolle wie z. B. Gemüt und Geist.

Bei einer kurzen Lebenslinie ist es möglich, dass das Leben ab einem gewissen Zeitpunkt in ruhigen Bahnen weiterverläuft, insbesondere wenn keine andere Linie die Energie der Lebenslinie übernimmt. Es kann auch sein, dass ab dann eine andere Linie, zum Beispiel die Saturnlinie, für Lebensintensität sorgt (siehe Seite 8-19).

Allgemein gelten folgende Besonderheiten:

● Je tiefer die Lebenslinie ausgeprägt ist, desto stärker ist auch die Vitalkraft des Handeigners.

● Je feiner und diffuser die Lebenslinie verläuft, umso schwieriger ist es für die Person, zum Quellbrunnen ihrer Vitalität vorzustoßen und aus ihm zu leben. Oftmals plätschert das Leben so lange dahin, bis z. B. durch Bewusstheit Tatkraft erlangt und eingesetzt werden kann.

Die Lebenslinie offenbart den Lebensablauf in seiner vitalen Intensität. Fehlt ein Teil der Lebenslinie, kann es sein, dass eine andere Linie die Kraft für sie trägt.

Auch bezüglich der Vitalität kann man über seine Schwächen hinausgehen. Hierfür ein Beispiel: Vor einigen Jahren begegnete mir beim Handlesen eine 78-jährige, lebenslustige Frau mit einer langen, im letzten Drittel sehr dünnen, kaum sichtbaren Lebenslinie. Dies würde bedeuten, dass sie im Alter gesundheitlich sehr nachlässt. Sie erzählte mir, dass sie ihrer Altersschwäche zu Leibe gerückt ist, indem sie ihr Leben bewusst genießt, gerne lacht, für Bewegung sorgt und ihre Freunde trifft. Auch beim Handlesen war sie für mich ein Quell der Freude. Bei aller Lebendigkeit hatte sie eine feine und kraftvolle Ausstrahlung. Diese Dame ist ein Präzedenzfall dafür, wie man erfolgreich über seine Anlagen hinausgehen kann.

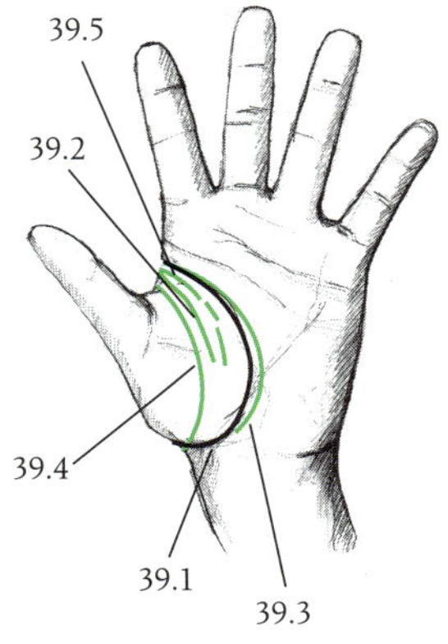

Die Bogenform der Lebenslinie

Die Bogenform der Lebenslinie gibt Auskunft über den Raum, den sich der betreffende Mensch in seinem vitalen Leben nimmt. Sie offenbart außerdem auch den Grad der Harmonie, mit dem jemand seine Vitalität auslebt:

- Ist der Bogenverlauf weit, und reicht er möglicherweise sogar über die Mitte der Hand hinaus (Abb. 39.3), ragt die Vitalkraft in das dem Du-Bereich zugeordnete Gebiet hinein. Es braucht seitens des Handeigners Achtsamkeit, damit er mit seinen vitalen Ansprüchen anderen nicht zu nahe tritt.

- Ist die Linie bei weitem Bogenverlauf zugleich schwach und diffus, weist dies darauf hin, dass sich der Handeigner durch seine vitale Ausdehnung leicht erschöpft und vielmehr lernen muss, behutsam mit seiner Energie umzugehen.

- Ist die Bogenform eng (Abb. 39.4), handelt es sich um einen Menschen, der sich im Ausdruck seiner Lebenskraft eingeengt fühlt. Sein Naturell nimmt sich nicht den Raum, den es braucht, sondern zieht sich zu stark zurück.

- Ist zugleich mit einem engen Bogen die Lebenslinie schwach und diffus, handelt es sich um einen Handeigner, der aufgefordert ist, mit seinen Kräften hauszuhalten. Dies gilt insbesondere, wenn zugleich der Venusberg schwach ausgeprägt ist.

Abb. 39

Die Bogenform der Lebenslinie zeigt, in welcher Form das vitale Leben bei diesem Menschen in Erscheinung tritt.

Rote Stellen oder Punkte auf der Lebenslinie deuten vitale Schwierigkeiten an, die zu einem ganz bestimmten Zeitpunkt überwunden werden.

● Ist bei einem engen Bogen der Venusberg stark ausgeprägt, erlebt der Handeigner seine Triebkraft als eingeengt, bis er durch Bewusstmachung über den Raum verfügt, sie auszuleben.

Weitere Besonderheiten auf der Lebenslinie

Rote Stellen oder Punkte auf der Lebenslinie geben Auskunft darüber, dass der Handeigner im Laufe seines Lebens mit einem Selbsterfahrungsprozess, einer Zeit, in der er sich nicht wohl fühlt, oder einer Krankheit konfrontiert wird. Der Zeitschlüssel (S. 52, Abb. 38) kann – mit Vorbehalt – Auskunft darüber geben, wann diese Zeit eintritt.

Unterbrechungen auf der Lebenslinie (S. 53, Abb. 39.5) weisen auf ein Ereignis hin, das eine Unterbrechung in den bisherigen Lebensgewohnheiten darstellt. Dies kann eine schwierige Zeit sein, in der der Handeigner sich als nicht so ganz erdverbunden, als nicht im Leben stehend empfindet. Es kann auch einen Wechsel der allgemeinen Lebensumstände bedeuten. Die Dauer der Unterbrechung hängt von der Dauer des Unterbruchs ab. Ist diese Phase überstanden, beginnt ein neuer Lebensabschnitt. Deshalb sollten wir angesichts einer meist unangenehmen Unterbrechung unserer bisherigen Lebensgewohnheiten auch auf die

Kontinuität und Differenz – jede Generation lebt ihr eigenes Leben. Auch in den Handlinien werden Lebensabschnitte sichtbar.

Transformation schauen, die möglich ist. Ist die Unterbrechung nur in der rechten Hand, handelt es sich um eine äußere Lebensumstellung. Befindet sich die Unterbrechung hingegen ausschließlich in der linken Hand, findet die Umstellung vorwiegend im Unterbewusstsein statt und wird einen Selbstfindungsprozess auslösen. Generell gilt:

- Jeweils die nicht betroffene Hand wird einen Teil der erforderlichen Kraft übernehmen.
- Zeigt sich eine Unterbrechung in beiden Händen zugleich, handelt es sich um eine Veränderung, die in der Außenwelt und im Unterbewusstsein stattfindet.
- Verläuft die Lebenslinie nach der Unterbrechung zur Handmitte versetzt weiter (Abb. 40.1), findet eine Korrektur statt, die dazu führt, dass das Leben nach dem Umstellungsprozess mehr Qualität, Festigkeit und vor allem mehr Weite aufweist.
- Verläuft die Lebenslinie nach der Unterbrechung zum Daumen hin versetzt weiter (Abb. 40.2), findet erst einmal eine Einengung statt, die aus der Einschränkung heraus jedoch eine innere Erweiterung schaffen kann.

Unterbrechungen in der Lebenslinie zeigen, dass es im Leben zu einem ganz bestimmten Zeitpunkt zu einer Unterbrechung der bisherigen Lebensgewohnheiten kommt.

Der Ansatz der Lebenslinie

Der Anfang der Lebenslinie kann hoch, tief oder normal angesetzt sein. Bemessungsgrundlage ist hierbei die Mitte zwischen Daumenwurzel und Zeigefingeransatz:

- Ist der Ansatz der Lebenslinie im Ursprung hoch, das heißt oberhalb der Mitte zwischen Beginn des Daumenmittelglieds und Zeigefingeransatz (Abb. 40.3), spricht dies für vitalen Ehrgeiz. Die Lebensenergie wird verwendet, um sich Geltung und äußere Anerkennung zu verschaffen, insbesondere, wenn der Zeigefinger stark ausgeprägt ist. Vitalität ist hier also mit äußerer Anerkennung gekoppelt. Bei Misserfolgen muss deshalb ein vitaler Schongang oder eine Selbstwertaufbesserung erfolgen, um Vitalitätseinbußen zu vermeiden.
- Ist der Ansatz im Ursprung niedrig (Abb. 40.4), werden die Triebkräfte für den Eigenbedarf genutzt. Ist die Lebenslinie in diesem Fall auch noch tief und stark ausgeprägt, so handelt es sich um einen

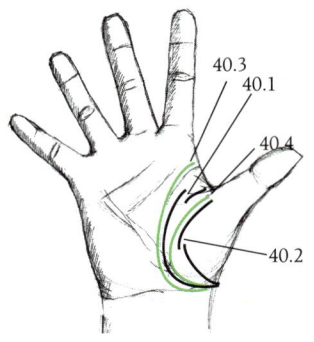

Abb. 40

55

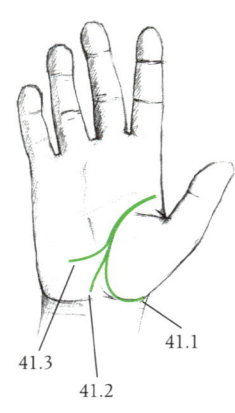

41.3   41.1

41.2

Abb. 41

Eine doppelte Lebenslinie verstärkt die Lebenskraft und schützt diesen Menschen vor drohenden Gefahren.

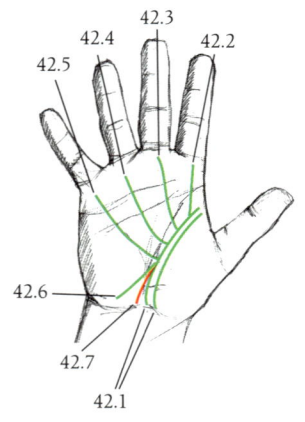

42.4   42.3   42.2

42.5

42.6

42.7

42.1

Abb. 42

Menschen, der im Rahmen der Bewältigung seines Lebens den Kampf sucht und auch braucht.

Das Ende der Lebenslinie

Die Lebenslinie kann zum Daumenballen, zur Handmitte oder zur Handaußenseite hin zeigen:

● Zieht eine lange, wohlgerundete Lebenslinie am Ende des Verlaufs wieder in Richtung Daumenballen (Abb. 41.1), spricht dies für Gesundheit, Lebenskraftpotenzial und Warmherzigkeit (Venusenergie).

● Endet die Lebenslinie im Neptunberg (Abb. 41.2), dann sucht dieser Handeigner seine Mitte, sein Lebensweg baut auf Instinkt und Intuition auf.

● Endet die Lebenslinie im Mondberg (Abb. 41.3), handelt es sich um einen Menschen, dessen Lebenskraft mit dem Seelischen verbunden ist und der ein bewegtes Leben hat (Reisen, wenn Reiselinien vorhanden sind). In unerlöster Form handelt es sich um einen Träumer, der die Beine nicht auf den Boden bekommt.

Die Protektionslinie und Energielinien der Lebenslinie

● Eine doppelte Lebenslinie (Abb. 42.1) wird auch Protektionslinie genannt. Sie verstärkt die Lebenssubstanz und bedeutet, wie der Name sagt, Schutz und Protektion für das Leben.

● Kleine Energielinien, Querlinien, die vom Daumen her kommen und in Richtung Lebenslinie wandern, führen dem Lebensweg des Handeigners verstärkte Energie zu (S. 39, Abb. 33).

● Reichen die kleinen Energielinien genau bis an die Lebenslinie und nicht darüber hinaus, dann verfügt der Handeigner über Vitalkräfte, die er auch wirklich lebt (S. 39, Abb. 33.1).

● Reichen die kleinen Energielinien nicht an die Lebenslinie heran (S. 39, Abb 33.2), sind dies Lebenskräfte, Fähigkeiten, die noch nicht gelebt werden. Der Handeigner kann sie im Laufe seines Lebens noch mobilisieren, ausleben und sich zunutze machen. (Das gilt im übertragenen Sinne auch für kleine Energielinien, die zu anderen Linien, z. B. zur Herzlinie, Plutolinie usw., wandern.)

Gabelung und Linien an der Lebenslinie

Aus der Lebenslinie steigende Linien stehen dafür, dass dieser Person im Laufe ihres Lebens Kräfte zuwachsen.

Wofür diese Kräfte zur Verfügung stehen, ergibt sich aus der Richtung, in der diese Linien verlaufen:

▶ Richtung Jupiterfinger (Abb. 42.2): Kraft zur Selbstdarstellung,

▶ Richtung Saturnfinger (Abb. 42.3): Kraft zur Verantwortung,

▶ Richtung Apollofinger (Abb. 42.4): Kraft zu Kunst und zwischenmenschlicher Einfühlsamkeit,

▶ Richtung Merkurfinger (Abb. 42.5): Kraft zu Kommunikation und Geschäften.

▶ Eine Abzweigung von der Lebenslinie in Richtung Uranus- oder Mondberg (Abb. 42.6) wird gemeinhin »Auslandslinie« genannt. Während man früher eine derartige Linie dahingehend deutete, dass der Handeigner eine/n Ausländer/in heiratet, steht sie im modernen Handlesen für längere Auslandsaufenthalte, ausländische Meister und Vorbilder, Kulturen.

▶ Eine starke, kräftige Gabel gegen Ende der Lebenslinie in Richtung Neptunberg (Abb. 42.7) wird in der Regel als gesundheitsfördernder Einfluss in den späten Lebensjahren und Aktivität auch nach dem 50. Lebensjahr gedeutet.

Ein harmonisches »C« wird als Idealform für die Lebenslinie angesehen. Linien, die aus der Lebenslinie aufsteigen, symbolisieren besondere Kräfte.

Übung

Betrachten Sie Ihre Lebenslinie der einen, dann der anderen Hand. Achten Sie auf Besonderheiten, und notieren Sie Ihre Ergebnisse und Deutungen in Ihrem Heft:

- Ist Ihre Lebenslinie lang und tief oder eher kurz und diffus?
- Verläuft die Bogenform in Form eines »Cs«?

Ist sie eher eng oder weit?

- Weist die Lebenslinie rote Stellen oder Punkte auf?
- Gibt es Unterbrechungen?
- Ist der Anfang der Lebenslinie hoch, in der Mitte oder tief angesetzt?
- Wohin zeigt das Ende der Lebenslinie?
- Welche Gabeln, steigende Linien, Energielinien gibt es?

Die Kopflinie (Mentalis)

Die Kopflinie offenbart die ganz individuelle Art des Trägers zu denken. Je länger die Kopflinie ist, umso größer ist die Verstandesintelligenz.

Die Kopflinie entspringt in der Regel zwischen Daumen und Zeigefinger. Offenbart die Lebenslinie das vitale Leben, zeigt die Kopflinie den Verlauf unseres gedanklichen Stromes an. Sie steht für den Einsatz unserer mentalen Kräfte, den Intellekt und die gedankliche Ausrichtung. Sie ist nicht zu verwechseln mit der Merkurlinie, die für Kommunikation und Geschäfte steht.

Astrologisch wird die Kopflinie dem Sternzeichen Jungfrau (Vernunftbegabung, Denkleistungen, gedankliches Säen und Ernten) zugeordnet, wohingegen die Merkurlinie dem Sternzeichen Zwilling (Merkur als Gott der Kaufleute und im modernen Zeitalter auch der Kommunikation und Öffentlichkeitsarbeit) entspricht.

Besonderheiten der Kopflinie

Die Länge der Kopflinie gibt uns Auskunft darüber, wie groß die Verstandesintelligenz ist, und in welchem Maße jemand gedanklich bereit ist, auf andere zuzugehen:

- Je länger die vor oder im Plutoberg endende Kopflinie ist, umso stärker ist der Verstand und die Bereitschaft, dem anderen gedanklich Raum in unserem Leben zu geben. Dies beinhaltet die vor allem in sozialer Hinsicht ausgesprochen wichtige Fähigkeit, sich gedanklich aus der Ich-Haftigkeit zu lösen, und spricht für Intelligenz und sehr gute Kommunikationsfähigkeiten.

- Geht die Kopflinie durch bis zur anderen Handseite (Abb. 43.1), kommuniziert die Person sehr klar und intelligent, oder es wird gedanklich sehr stark in das Du eingegriffen, was der andere auch als Belastung empfinden kann (je nach Entwicklungsstand).

- Je kürzer die Kopflinie ist, umso mehr ist dieser Mensch am praktischen Leben interessiert.

- Verfügt jemand über mehrere kurze Kopflinien (Abb. 43.2), handelt es sich um einen Menschen, der sich gedanklich auf ein Gebiet konzentriert und dabei den Rest der Pallette dessen, womit man sich gedanklich beschäftigen könnte, ausspart. Konzentration nur auf das Wesentliche bis hin zur Isolierung.

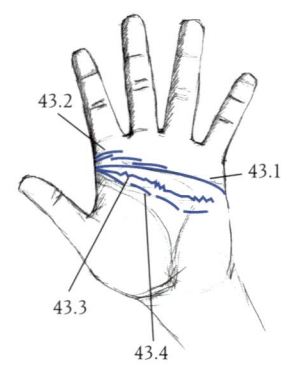

43.2

43.1

43.3

43.4

Abb. 43

Mehrere Kopflinien

Als Idealform wird eine fast durchgehende, gerade, nicht zu breite Kopflinie angesehen:

- Eine zittrige Kopflinie (Abb. 43.3) lässt auf Unruhe oder Nervosität im Denken schließen.
- Verfügt die Kopflinie über einen Unterbruch (Abb. 43.4), handelt es sich um einen Menschen, der sprunghaft in seinem Denken ist. Das Denken hört manchmal auf, der Handeigner schaltet ab oder das Umdenken fällt schwer.
- Bei einer zu breiten Kopflinie kommt manchmal die gedankliche Konzentration abhanden.

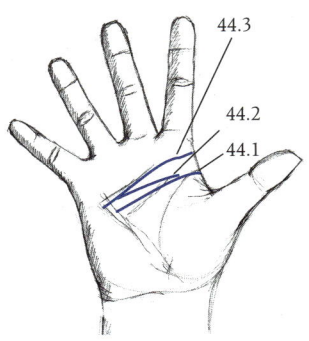

Abb. 44

Der Ansatz der Kopflinie

Die Kopflinie kann höher oder tiefer, außen oder in der Handfläche angesetzt sein:

- Ist die Kopflinie tief angesetzt (Abb. 44.1), handelt es sich um einen Denker, der längere Zeit braucht, um seinen Denkapparat in Gang zu setzen und in unerlöster Form in seinem Denken eher gehemmt ist.
- Beginnt die Kopflinie nicht am Rand, sondern einige Millimeter oder gar Zentimeter im Handinneren (Abb. 44.2), benötigt der Betreffende von außen kommende gedankliche Anstöße, um seine Gedanken ins Fließen zu bringen.
- Ist die Kopflinie hoch angesetzt (Abb. 44.3), werden Denkleistungen durch ehrgeizige Ambitionen verstärkt. Dies ist insbesondere der Fall, wenn die Kopflinie dem Jupiterberg entspringt oder eine Verbindungslinie zum Jupiterberg aufweist.

Der Ansatz der Kopflinie gibt Auskunft darüber, wie dieser Mensch gedanklich »ins Fließen« kommt.

Der Verlauf der Kopflinie

Die Kopflinie kann in ihrem Verlauf ansteigen oder abfallen, sie kann nach oben oder mehr nach unten auslaufen:

- Verläuft die Kopflinie eher nach oben (S. 60, Abb. 45.1), werden die unbewussten Lebensbereiche aus dem Vernunftdenken ausgeklammert. Die Person versucht sich gedanklich auf das zu konzentrieren, was sie »anfassen« kann.

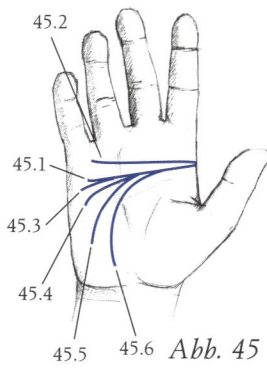

45.2
45.1
45.3
45.4
45.5   45.6   *Abb. 45*

**Eine gerade Kopf-
linie zeichnet den
wissenschaftlich-
analytischen Intel-
lektuellen aus, die
gebogene Kopflinie
den intuitiv-kreati-
ven Menschen.**

Klar ausgeprägte Kopflinie

● Steigt die Kopflinie in Richtung Merkurberg an (Abb. 45.2), wird auf den anderen zugegangen, z. B. aus Kontaktfreudigkeit und Kommunikationslust, in unerlöster Form aus Vorteilsdenken.

● Verläuft die Kopflinie gerade und klar ausgeprägt, endet sie meist im Plutoberg (Abb. 45.3). Gedankliche Ströme werden klar auf Kurs gehalten. Der Handeigner vermag deshalb seine Gedankenkräfte klug einzusetzen, präzise zu argumentieren und sich intellektuell durchzusetzen.

● Eine absteigende Kopflinie deutet ein gedankliches Streben nach Tiefe an.

● Verläuft die Kopflinie nur leicht abfallend und endet im oberen Mondberg (Abb. 45.4), handelt es sich um einen Menschen, der die Kräfte des Unterbewusstseins anzuzapfen vermag – günstig für Schriftsteller etc.

● Sinkt die Kopflinie in den unteren Mondberg hinab (Abb. 45.5), besteht die Neigung zu Tagträumerei. Der Handeigner ist oft melancholisch, traurig bis depressiv. In erlöster Form, z. B. durch Selbsterfahrungsarbeit, kann das Potenzial des Mondbergs genutzt werden, um aus dem Bereich des Unterbewussten zu schöpfen und das Mondbergpotenzial kreativ oder vernunftmäßig umzusetzen.

*Auch Menschen mit
klar ausgeprägter
und gerader Kopf-
linie haben nicht nur
intellektuelle Stärken.
Gerade kreative
Tätigkeiten wirken
ausgleichend.*

- Sinkt die Kopflinie in Richtung Neptunberg hinab (Abb. 45.6), sucht der Verstand eine Koppelung mit den instinktiven Bereichen des Lebens. Aus der Koppelung von Vernunft und Instinkt ergibt sich ein natürlicher Überlebensmechanismus.

In unerlöster Form kann es allerdings auch sein, dass jemand seine Instinkte nicht zur Lebensbewältigung nutzt, sondern in Melancholie oder Suchtbereiche gerät.

- Fällt die Kopflinie direkt in den Neptunberg ab, handelt es sich in der Regel um einen Menschen, der melancholisch und zugleich eigenbrötlerisch ist oder – in erlöster Form – instinktsicher und originell.

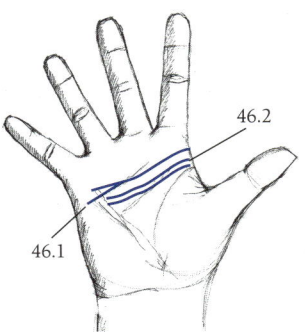

Abb. 46

- Gabelungen am Ende der Kopflinie (Abb. 46.1) werden als gedankliche Vielseitigkeit gedeutet – eine ideale Fähigkeit für Schauspieler, Rechtsanwälte etc.

- Eine frühe Spaltung der Kopflinie kann je nach Disposition als Ideenreichtum oder gedankliche Verzettelung gedeutet werden.

- Eine doppelte Kopflinie (Abb. 46.2) steht in der Regel für zwei Denkschaltkreise, die gleichzeitig existieren. So jemand kann zweigleisig denken. Dies kann sich als intellektueller Scharfsinn, Talent zum Humoresken, aber auch als bewusstes oder unbewusstes Bergen von Gedanken ausdrücken.

Gabelungen am Ende der Kopflinie offenbaren intellektuelle Beweglichkeit.

Die Kopflinie der rechten im Vergleich zur linken Hand

Die Kopflinie kann hinsichtlich Ausprägung und Verlauf in beiden Händen ähnlich oder auch sehr unterschiedlich sein. Je ähnlicher die beiden Kopflinien sich sind, umso mehr entspricht das tagesbewusste Denken dem Unbewussten.

- Ist der Verlauf oder die Prägung der Kopflinie in der rechten Hand deutlich anders als in der linken Hand, besteht im Denken eine Diskrepanz zwischen dem bewussten, äußerlich gelebten Bereich und dem, wie es im Inneren aussieht.

- Endet die Kopflinie in der rechten Hand höher als in der linken Hand, handelt es sich um eine Person, die in der äußeren Welt eher vernunftbezogen und realistisch auftritt, aber in ihrem Seelenleben nachdenklich und tiefgründig ist.

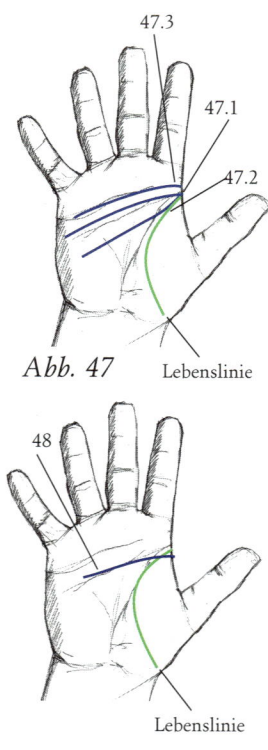

Abb. 47   Lebenslinie

Lebenslinie

Abb. 48

● Endet die Kopflinie in der linken Hand höher als in der rechten, ist der Betreffende im tagesbewussten Leben bereit, gedanklich tief in die Geheimnisse des Unbewussten einzutauchen, und verfügt in sich auch über eine gewisse Leichtigkeit im Umgang mit den Dingen.

Gekoppelte Kopf- und Lebenslinie

Lebens- und Kopflinie können in ihrem Ursprung miteinander gekoppelt oder getrennt voneinander sein, was eine unterschiedliche Bedeutung hat:

● Haben Lebens- und Kopflinie denselben Ursprung (Abb. 47.1); werden die Triebkräfte durch den Verstand gefiltert. Daraus ergibt sich die Fähigkeit für sachliches Entscheiden, Besonnenheit, Selbstbeherrschung und vernunftvolle Reaktionen.

● Verläuft die Lebenslinie ein Stück zusammen mit der Kopflinie (Abb. 47.2), spricht dies für ein starkes Sicherheitsbedürfnis und in der Regel für eine späte innere Loslösung vom Elternhaus, insbesondere dann, wenn beide Linien miteinander verkettet sind.

● Verlaufen Vitalis und Kopflinie über einen großen Teil zusammen, spricht dies für einen Mangel an Selbstständigkeit, innere Unsicherheit, zögerndes Verhalten und starkes Sicherheitsbedürfnis – so lange, bis eine Loslösung vom Elternhaus erfolgt ist.

Voneinander getrennte Kopf- und Lebenslinie

● Sind Lebens- und Kopflinie getrennt, braucht der Mensch viel Freiraum, umso mehr, je größer der Abstand dieser beiden Linien ist.

● Setzt die Kopflinie oberhalb der Lebenslinie an (Abb. 47.3), findet das Denken getrennt vom tatsächlichen Leben statt, umso mehr, je größer der Abstand dieser beiden Linien ist. Dies bedeutet Unabhängigkeitsstreben und impulsive, manchmal zu schnelle Entschlüsse. Der Betreffende kann sich als treuer und liebevoller Partner erweisen, wenn er innerhalb seiner Beziehung den entsprechenden Freiraum leben kann. Als positiv ist zu vermerken, dass der Handeigner sich gedanklich aus seiner Lebenssituation lösen, sich über sie erheben und aus diesem veränderten Blickpunkt ungewöhnliche Lösungen erdenken kann.

Je ähnlicher die Kopflinien der rechten und der linken Hand sich sind, umso mehr steht das Denken dieses Menschen im Einklang mit sich selbst.

• Wird die Kopflinie von der Lebenslinie durchgeschnitten (Abb. 48), ist dies ein Einschnitt in das Leben durch das Denken und in das Denken durch das Leben. Die Gedankenströme können sich nicht so leicht frei entfalten, sondern werden immer wieder vom vitalen Leben, in Einzelfällen auch vom Triebbereich, durchkreuzt. Das Denken bleibt im Ansatz subjektiv.

Übung

Betrachten Sie Ihre Kopflinie, analysieren Sie sie, und tragen Sie die Ergebnisse und auch ihre (Be-)Deutungen in Ihr Heft ein:

• Ist die Kopflinie lang oder kurz?

• Wie ist ihre Beschaffenheit?

• Ist der Ansatz der Kopflinie hoch oder tief?

• Verläuft die Kopflinie gerade, abfallend oder aufsteigend?

• Wo endet die Kopflinie? In welcher Höhe? Endet sie auf einem Berg? Wenn ja, auf welchem?

• Verfügt die Kopflinie über eine Gabel, Spaltung oder über eine zweite, parallel laufende Linie (doppelte) Kopflinie?

• Worin bestehen die Unterschiede zwischen der rechten (eher bewussten) und der linken (eher unbewussten) Kopflinie?

• Wie verhält sich der Ansatz der Kopflinie im Verhältnis zum Ansatz der Lebenslinie?

Die Herzlinie (Emotionalis)

Oberhalb der Kopflinie liegt die Herzlinie. Sie beginnt an der äußeren Handseite unterhalb des Kleinfingerbergs und schwingt sich von der Handaußenkante in Richtung Zeigefinger.

Die Herzlinie gibt darüber Auskunft, wie wir Gemütsregungen emotional verarbeiten. Aus ihr können wir vieles über die Intensität erkennen, mit der der einzelne Mensch gefühlsmäßig durch das Leben, insbesondere durch den anderen, berührt wird.

Eine intensiv gelebte Emotionalität kann eine enorme Triebkraft sein. Die Herzlinie kann Herzensgüte offenbaren, aber auch Überschwänglichkeit oder Verschlossenheit.

Der Ursprung von Lebens- und Kopflinie gibt Auskunft darüber, inwieweit Vitalität und Denken miteinander gekoppelt sind. Sind Kopf- und Lebenslinie getrennt, braucht dieser Mensch viel Freiraum.

Länge, Breite und Tiefe der Herzlinie

Je länger die Herzlinie ausfällt, desto stärker wird einem Du emotional Raum gegeben.

Die Herzlinie kann kürzer oder länger, schmaler oder breiter, tiefer oder flacher verlaufen:

- Je länger die Herzlinie ist, umso mehr ist der Handeigner bereit, emotional das Du auf sich wirken zu lassen.
- Eine kurze Herzlinie bedeutet, dass der Handeigner sich in seinem Wesen nicht so stark emotional durch das Du berühren lässt. Diese Menschen machen ihr Herz bewusst oder unbewusst zu.

Wege, das Herz zu öffnen, offenbaren andere Anlagen in der Hand, wie beispielsweise der Venusgürtel (Sinn für Höheres), ein mit Linien besetzter Neptunberg (Intuition und/oder Instinkt) und auch liebevolle Erfahrungen, Bewusstheit, Meditation.

- Eine breite Herzlinie steht für die Tendenz, in Emotionen auszuufern; solche Menschen sind »nahe am Wasser gebaut«.
- Eine schmale Herzlinie haben Menschen, die ihre Emotionen weniger zeigen können oder erst dann, wenn sie eine tiefe Vertrauensbasis geschaffen haben.
- Je tiefer die Herzlinie in ihrer Einprägung ist, umso tiefer werden die Gefühle empfunden.

Höhe und Verlauf der Herzlinie

In diesem Fall entscheiden der Schwung und das Auslaufen, ob die Herzlinie gerade verläuft oder geschwungen ist, und wie hoch sie angesetzt ist:

- Je höher die Herzlinie beginnt, desto pragmatischer begegnet der Mensch emotional dem Leben. Man muss die Dinge eben nehmen, wie sie kommen!
- Ist die Herzlinie sehr hoch angesetzt (Abb. 49.1), ist die Grundeinstellung optimistisch. Emotionen werden eher leicht genommen, äußern sich jedoch manchmal in unangemessener Form.
- Je tiefer die Herzlinie angesetzt ist, umso tief gehender ist auch die emotionale Grundeinstellung des betreffenden Handeigners. Bei einer tief angesetzten Herzlinie nimmt dessen Gefühlswelt einen größeren Raum ein.

• Je gerader die Herzlinie verläuft, umso geradliniger werden die Gefühle ausgerichtet. Dies kann sich als sehr karrierefreundlich erweisen, insbesondere in dem Fall, wenn die Herzlinie im Jupiterberg endet. Die Hingabefähigkeit an ein Du muss meistens erst einmal geübt werden. (Erinnern wir uns in diesem Kontext daran, dass alle geraden Linien als männlich-dynamisch und alle gebogenen als weiblich-hingabevoll angesehen werden.)

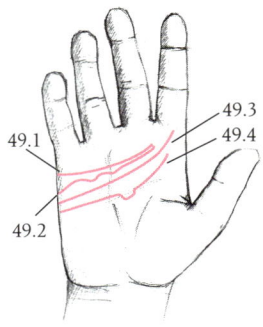

Abb. 49

• Eine wellenförmige Herzlinie (Abb. 49.2) offenbart die zahlreichen Höhen und Tiefen, durch die jemand im Laufe seines Lebens in emotionaler Hinsicht geht.

• Eine einzelne Schale (Abb. 49.4) in der Herzlinie zeichnet einen Menschen, der abwartend in seinem emotionalen Ausdruck ist. Er lässt die Grundstimmung des anderen wie in eine Schale in sich hineinlaufen, um dann emotional zu antworten.

• Endet die Herzlinie in einem schönen Schwung zum Zeigefinger hin, und ist in normaler Höhe angesetzt (Abb. 49.3), wird dies als Warmherzigkeit gedeutet. Meine Großmutter sagte zu Menschen mit einer solchen Herzlinie in der Hand: »Sie haben ein gutes Herz!«

• Eine absteigende Herzlinie, die sich unter dem Zeigefinger nach unten neigt, gilt in der Regel als ein Zeichen von Sentimentalität, Traurigkeit bis hin zur Depression und als Ausdruck der Neigung zu emotionalem Enttäuschtsein.

Ist die Herzlinie zudem lang ausgeprägt, werden emotionale Schwierigkeiten oftmals durch ein Helfersyndrom kompensiert. Emotionen werden in sich behalten, bzw. ergehen sich im Wunschdenken. Das ist kein Grund zur Besorgnis, denn meine Erfahrungen beim Handlesen zeigen: Menschen mit absteigender Herzlinie befreien sich schon früh (in der ersten Lebenshälfte) von der Neigung zum emotionalen Enttäuschtsein.

Beginn und Ende der Herzlinie

Je näher die Herzlinie an der Handaußenkante (kleiner Finger) beginnt, umso mehr wird mit dem Du gelebt. Je weiter die Herzlinie in Richtung Zeigefinger reicht, umso weiter reicht der Raum, den der Handeigner dem Du einräumt:

Eine gerade Herzlinie spricht für geradlinig ausgerichtete Gefühlsströme, eine geschwungene für Einfühlungsbereitschaft und Herzenswärme. Eine absteigende Herzlinie gilt als Zeichen von Sentimentalität und schnellem emotionalem Entmutigtsein.

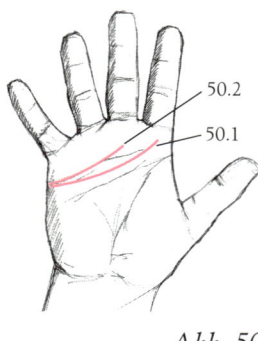

Abb. 50

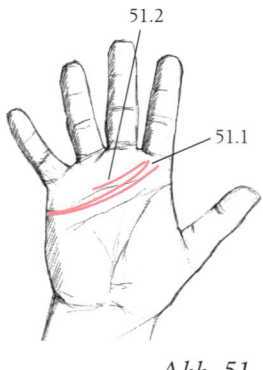

Abb. 51

Je näher die Herz-linie an der Hand-außenkante (kleiner Finger) beginnt, umso stärker wird von Anfang an das Du emotional in die eigene Gefühlswelt einbezogen.

● Beginnt die Herzlinie auf der Handaußenkante, und reicht sie dann herum auf die Handinnenseite (Abb. 50.1), hat das Du von Anfang an große emotionale Wirkung auf den Handeigner. Der Handeigner lebt emotional sehr intensiv mit dem Du, ob er sich verstandesmäßig dessen bewusst ist oder nicht.

● Beginnt die Herzlinie erst am Ringfinger oder sogar noch später, was die Ausnahme ist (Abb. 51.2), ist der emotionale Einfluss des Du auf den Seelenzustand nicht so bedeutsam.

● In den meisten Fällen endet die Herzlinie zwischen Zeige- und Mit-telfinger. Der Handeigner lebt im Idealfall »im Herzen« und ist in der Lage, emotional für seine Nächsten zu empfinden, insbesondere wenn die Linie mit sanftem Schwung zum Zeigefinger hin endet.

● Endet die Herzlinie am Jupiterberg, oder verläuft sie sogar in den Zeigefinger hinein, verbinden sich Emotionen mit Loyalität und/oder persönlichem Ehrgeiz. Vernunft und äußere Realität werden mit dem Gefühl in Einklang gebracht (Abb. 50.1).

● Reicht die Herzlinie nur bis zum Saturnfinger (Mittelfinger), werden die Emotionen für das genutzt, was nützlich ist, um Verantwortlichkei-ten zu erfüllen (Abb. 50.2). Hier ist ein wirklichkeitsfremdes Verhalten angelegt, das vom »das Herz zumachen« bis zur Unerbittlichkeit reichen kann. In erlöster Form kann, z. B. durch Einsichtigkeit, das Leben von Herzenswärme und Loyalität bestimmt werden.

Parallellinien zur Herzlinie

Parallellinien zur Herzlinie werden in der Regel unterstützend gewer-tet. Eine doppelte Herzlinie (Abb. 51.1) offenbart einen sehr warmher-zigen, mitfühlenden Menschen und Vertrauen in emotionale Angele-genheiten. Bei ansonsten günstiger Disposition, insbesondere bei lang gezogener Herzlinie in Richtung Jupiterfinger und stark ausgeprägtem Venusberg, werden die »Herzenstriebkräfte« für humanitäre Zwecke zur Verfügung gestellt.

Inmitten der Herzlinie auftretende kurze Parallellinien unterstreichen emotionale Intervalle, was in unerlöster Form eine Instabilität im Gleichmaß der Emotionen zur Folge hat.

66

Äste, Verbindungslinien und Gabeln der Herzlinie

Verästelungen bedeuten, dass der Fluss der Emotionen viele Lebensbereiche berührt, was oftmals nicht leicht zu leben ist. Bei Gabelungen auf der Herzlinie sind die Richtung und der jeweilige Verlauf der Gabel maßgebend:

● Ein von der Herzlinie aus aufsteigender Ast signalisiert herzliche oder romantische Erlebnisse. Verkettungen zu Beginn der Herzlinie weisen auf eine emotional schwierige Kindheit hin.

● Zu Beginn der Herzlinie von unten kommende Äste, die in der Herzlinie münden (Abb. 52.1), offenbaren ein starkes Bestreben, die Seele und das Unbewusste mit dem emotionalen Bereich zu verbinden.

● Zu Beginn der Herzlinie aufsteigende Äste in Richtung Merkurfinger (Abb. 52.2) bedeuten: Von Anfang an wird danach gestrebt, die emotionalen Kräfte in Worte zu kleiden und sie für Kommunikation und/oder Geschäft einzusetzen.

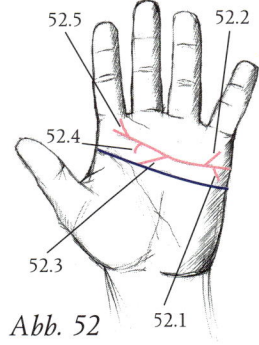

Abb. 52

● Zweige oder Verästelungen am Ende der Herzlinie, die gerade verlaufen oder nach oben steigen (Abb. 53.1), zeigen, dass jemand vieles seelisch lieben kann. In unerlöster Form zeigen Verästelungen oben am Beginn (Abb. 53.2) oder am Ende ein Zerfließen in Emotionalitäten an.

● Eine Verbindungslinie zwischen Herz- und Kopflinie (Abb. 52.3) weist auf eine Koppelung von Emotionen und Verstand hin. Dies bedeutet, dass das, was venünftig und emotional bereichernd ist, durchgeführt wird.

● Eine Seitengabel in Richtung Kopflinie drückt aus, dass die Emotionen durch den Verstand beeinflusst werden.

● Ein abfallender Ast (Abb. 52.4) wird als Neigung zu Schwermut gedeutet. Emotionale Erfahrungen können als bedrückend wahrgenommen werden. Hier ist auch das Gesamtbild der Hand zu sehen: Wenn der Venusberg kraftvoll ausgeprägt ist, besteht die Kraft, Emotionen gut zu verarbeiten. Andere ausgleichende Stärken könnten eine gerade verlaufende ausgeprägte Kopflinie (sorgt für Klarheit) oder ein mit Linien besetzter Neptunberg (starke Intuition) sein.

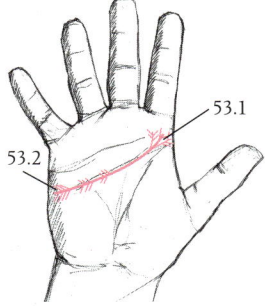

Abb. 53

● Eine aufsteigende Seitengabel zum Zeigefinger (Abb. 52.5) wird als mitfühlende und optimistische Herzensqualität gedeutet.

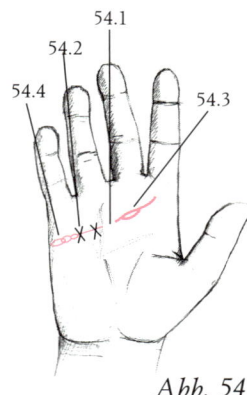

Abb. 54

Ketten zu Beginn der Herzlinie (Abb. 54.4) bedeuten eine emotional schwierige Kindheit. Bestimmte Erlebnisse haben bewusst oder unbewusst sehr geschmerzt.

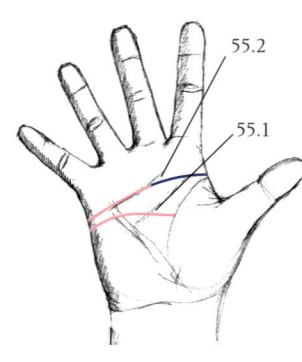

Abb. 55

Besonderheiten in der Herzlinie

● Eine Unterbrechung in der Herzlinie (Abb. 54.1) bedeutet, dass man sich gefühlsmäßig für einige Zeit zurückzieht.

● Ist die Herzlinie permanent unterbrochen, haben die Gefühle keine Kontinuität, was zu emotionaler Hilflosigkeit führen kann.

● Kreuze auf der Herzlinie (Abb. 54.2) bedeuten schwierige emotionale Eindrücke, in deren Kreuzpunkt sich aber schon die Lösung zeigt. Die Aufforderung liegt darin, innezuhalten und die »einschneidenden« Eindrücke mit Hilfe der individuellen Möglichkeiten – z. B. ausgeprägter Kopflinie, Intuition usw. – zu verarbeiten, daraus emotionale Kraft zu schöpfen und Bewusstheit zu entwickeln.

● Inseln auf der Herzlinie (Abb. 54.3) bedeuten Zeiten, in denen man sich emotional allein gelassen fühlt oder sich zurückziehen will. Die Stärke und Zeitdauer der gefühlsmäßigen Isolation lässt sich aus der Größe und Zeitdauer der Insel ableiten.

● Ist die Herzlinie durchgehend verkettet, handelt es sich um einen Menschen, der von tiefen emotionalen Erfahrungen begleitet wird. Dies kann bedeuten, dass jemand in seinen Emotionen ein »Hin und Her« erlebt, sich gefühlsmäßig schwer entscheiden kann und/oder sich in Schuldgefühle verstrickt. Bei Verkettungen zu Beginn der Herzlinie (Abb. 54.4) sind die Gefühlsschawankungen entsrechend schwächer. Durch Selbsterfahrung ist es gerade in diesem Fall möglich, emotionale Stabilität zu entwickeln und zu einem Meister im Umgang mit Emotionen zu werden.

● Sinkt die Herzlinie in Richtung Lebenslinie (Abb. 55.1) oder in den Venusberg hinein, wirken sich die Emotionen schwierig auf das eigene Leben aus. In erlöster Form hat der Handeigner emotionales Vertrauen und mitfühlende Herzenstiefe gewonnen.

Die gesperrte Hand (die Affenlinie)

Von einer gesperrten Hand oder auch Affenlinie spricht man, wenn die Herzlinie, die Kopflinie oder beide ineinander übergehend durch die gesamte Hand verlaufen als eine Linie und so die Hand »sperren« (Abb. 55.2). Welche der beiden Linien vorherrschend ist, entscheidet, ob die Affenlinie mehr am Ort der Herz- oder der Kopflinie liegt.

- Sperrt alleine die Kopflinie die gesamte Hand, handelt es sich um einen »Kopffüßler«, der die Welt mit den Augen des Kopfes filtert.
- Sperrt die Herzlinie alleine die Hand, überlagern die Emotionen den Verstand.
- Oftmals ist die Hand nur teilweise gesperrt. Herz- und Kopflinie werden nur zur Hälfte zu einer Linie. In dem Fall gilt das oben gesagte mit Abschwächung.
- Allgemeine Bedeutung in allen Fällen: Der Handeigner kann Kopf und Herz nicht so leicht auseinander halten. Im Laufe der Auseinandersetzung und bewussten Bewältigung von Verstandes- und Herzenswillen können bei Handeignern, die eine »Affenlinie« vorweisen, beide Ströme beherrscht werden, so dass ein Ausdruck von Klarheit entsteht, der Genialität offenbaren kann.

Übung

Betrachten Sie die Herzlinie der einen und dann der anderen Hand. Notieren Sie sich anschließend die unterschiedlichen Eigenschaften in ihrem Heft:

- Ist Ihre Herzlinie lang oder kurz?
- Ist sie breit oder schmal, tief oder flach?
- Wie ist der Ansatz der Herzlinie? Hoch oben oder weiter unten?
- Wie verläuft die Herzlinie? Gerade, schwungvoll gebogen oder wellenförmig?
- Verfügt Ihre Herzlinie über eine Schale?
- Ist die Herzlinie aufsteigend oder absteigend?
- Wo beginnt und wo endet sie?
- Gibt es eine doppelte Herzlinie und/oder kleinere Parallellinien?
- Welche Äste, Gabeln oder Verbindungslinien berühren die Herzlinie bzw. gehen von ihr aus? Wo zeigen sie hin?
- Gibt es Ketten, Kreuze oder Inseln auf der Herzlinie?
- Schneidet die Herzlinie die Lebenslinie?
- Ist die Herzlinie mit der Kopf- oder der Lebenslinie in irgendeiner Form verbunden?
- Ist die Hand durch eine Affenlinie gesperrt?

Können bei einer »Affenlinie« Herz- und Verstand differenziert werden, offenbart sich Originalität. Solche Menschen können genial sein oder werden.

69

Die Nebenlinien

Als Nächstes sehen wir uns die Nebenlinien in der Hand genauer an. Auch sie geben uns Aufschluss über Persönlichkeitsmerkmale, Charaktereigenschaften und Schicksal eines Menschen.

Die Schicksalslinie (Saturnalis)

Die Schicksalslinie, auch Saturnalis genannt, verläuft senkrecht durch die Hand. Im klassischen Fall beginnt sie im Handgelenk, verläuft gerade und endet auf dem Mittelfingerberg (Abb. 56.1). Die Ausnahme ist hier allerdings fast die Regel: Es gibt wellenförmige, gestrichelte oder doppelte Saturnlinien, lange und kurze, solche, die mehr an der Handaußenseite, und solche, die mehr an der Handinnenseite angesetzt sind. Die Schicksalslinie gibt Auskunft darüber, wie der Handeigner mit Verantwortung und Zielfindung umgeht. In ihr zeigt sich Pflicht- und Leistungsbewusstheit, Sinn für Tradition, aber auch Lebensschwere und Gewissen. Sie wird von unten nach oben gelesen.

Die Schicksalslinie ist unmittelbar mit der Schicksalsbewältigung des Menschen verknüpft.

Der Saturnfinger

Bevor Sie Ihre Schicksalslinie lesen, schauen Sie sich auf der Handaußenseite den Mittelfinger (Saturnfinger) an. Ist dieser von normaler Länge oder sehr stark ausgeprägt, sollte in der Innenhand eine normal große Schicksalslinie vorhanden sein, damit die Verantwortung, die gerne übernommen wird, auch getragen werden kann. Andernfalls ist es angeraten, dass man sich nicht zu viel Verantwortung auflädt.

Stark ausgeprägte Schicksalslinie

Ist die Schicksalslinie in Länge und Tiefe stark ausgeprägt, kann man davon ausgehen, dass der Handeigner die Bewältigung seines Schicksals in verantwortungsbewusster Auseinandersetzung erfolgreich angeht. Um dies zu können, ist der Handeigner mit Zielstrebigkeit, Pflichtbewusstsein und Leistungsbewusstheit (je nach Disposition!) ausgestattet. Um einer einmal eingehaltenen Linie treu bleiben zu können, greift der Saturnalis-Typ gerne auf Traditionen, also darauf, was sich im Leben bewährt hat, zurück. Als Aufgabe und als Mitgift dieses Weges entwickelt sich bei ansonsten günstiger Disposition ein starkes seelisches Rückgrat.

- Eine schwache Schicksalslinie verweist auf begrenztes Durchhaltevermögen.
- Fehlt die Schicksalslinie, wie es unter anderem bei Akademikern, Arbeitern und Zigeunern vorkommt, bedeutet dies nicht, dass der Betreffende kein Schicksal hat, sondern dass das Schicksal angenommen wird, wie es ist, oder – je nach Disposition – derjenige erst noch lernen muss, Verantwortung zu übernehmen.

Je gerader die Saturnalis verläuft, umso zielbewusster, ausgerichteter, geradliniger ist der Mensch im Umgang mit seinen Pflichten und Verantwortlichkeiten.

Die Schicksalslinie im Gesamtbild der Hand

- Ist bei ausgeprägter Saturnalis zugleich der Venusberg ausgeprägt und kraftvoll, ist die vitale Energie vorhanden, um das eigene Verantwortungspotenzial in die Welt zu tragen.
- Ist bei ausgeprägter Saturnalis der Mittelfinger stark ausgeprägt, verfügt der Handeigner über die Möglichkeit, mit seiner Verantwortungsbewusstheit in die Welt hineinzureichen. Bei einer ansonsten schwach ausgeprägten Hand ist es auch hier ratsam, nur so viel Verantwortung zu übernehmen, wie auch getragen werden kann.
- Verläuft die Saturnalis wellenförmig (Abb. 56.2), hat der Handeigner die Tendenz, sich durchs Leben zu schlängeln.
- Ein Zickzackverlauf in der Saturnalis (Abb. 56.3) deutet auf unverhoffte Ereignisse, Kurskorrekturen im Schicksalsverlauf, gegebenenfalls auch durch Glücksfälle (Gewinne, Hinterlassenschaften, Erfolge) hin.
- Unterbrechungen (Abb. 57.1) offenbaren, dass das Schicksal immer wieder einen Sprung macht bzw. in eine neue Richtung geht.
- Unterbricht die Saturnalis, um in Richtung Zeigefinger versetzt weiterzuverlaufen, oder verläuft sie in einer Linie zum Zeigefinger hin (Abb. 57.2), bedeutet dies einen Zugewinn an Selbstsicherheit mit zunehmendem Alter.
- Unterbricht die Saturnalis, um dann in Richtung Ringfinger versetzt weiterzuverlaufen, oder verläuft sie in einer Linie zum Ringfinger hin (Abb. 57.3), werden im Laufe des Lebens Kunst, Kreativität, Ästhetik und partnerschaftliche Einfühlung wichtig.

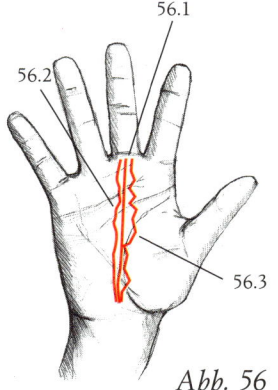

Abb. 56

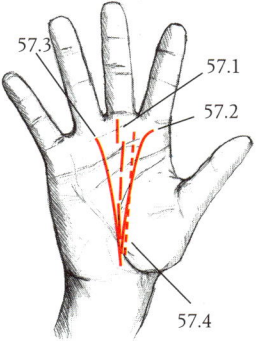

Abb. 57

● Viele kleine, feine Striche statt einer durchgehenden Schicksalslinie (Abb. 57.4) signalisieren einen Mangel an Kontinuität im Kontakt mit dem eigenen Schicksalsfaden; daraus können Unsicherheit oder Angst erwachsen. In erlöster Form weiß der Betreffende damit umzugehen und hat gelernt, sein Leben im Griff zu behalten.

Ausprägung der Schicksalslinie im unteren oder oberen Handbereich

Eine im unteren Handbereich besonders stark ausgeprägte Schicksalslinie spricht für Verantwortungsbewusstsein.

● Ist die Schicksalslinie vorwiegend im oberen Handbereich ausgeprägt, entwickelt sich die Verantwortlichkeit erst in späteren Lebensjahren.
● Ist die Schicksalslinie vorwiegend im unteren Handbereich ausgeprägt, ist der Betreffende schon in früheren Lebensjahren verantwortungsbewusst.
● Beginnt die Schicksalslinie bereits am Handgelenk und geht sie über den Mittelfingerberg hinaus, wobei sie die Mittelfingerwurzel schneidet, geht das Schicksal über das übliche Maß hinaus. Je nach persönlicher Ethik und Disposition spricht dies für Erfolg, glückliche Fügungen und für ein außergewöhnliches Schicksal (sinnvolles Überschreiten von Begrenzungen) oder – wenn unerlöst – für kriminelle Neigung (rücksichtsloses Übergehen von Grenzen).

Koppelung von Schicksals- und Kopf- oder Herzlinie

● Endet die Schicksalslinie direkt vor der Kopflinie, ist die Schicksalsentfaltung durch den Verstand beeinträchtigt.
Indem der Handeigner über die eigenen Vorstellungen und gedanklichen Begrenzungen hinauszugehen lernt, kann das Leben kreativ zum Kunstwerk gestaltet werden.
● Fließt hingegen die Saturnalis in die Kopflinie ein und endet hier (Abb. 58.1), können sich Struktur und Intellekt wechselseitig erfüllen.
● Endet die Schicksalslinie direkt vor oder an der Herzlinie (Abb. 58.2), erfährt die Ausweitung der eigenen Struktur eine Begrenzung durch Emotionen. Indem man lernt, bewusst mit seinen eigenen Gefühlen umzugehen, kann die angestammte Struktur erfolgsorientiert aus dem Herzen gelebt werden.

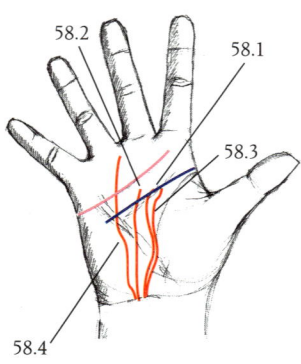

Abb. 58

- Mündet die Saturnalis in der Herzlinie und endet damit, ist die Möglichkeit angelegt, Struktur und Gemüt sinnvoll ineinander schmelzen zu lassen.

Die »Mittigkeit« der Schicksalslinie

- Wenn die Schicksalslinie vorwiegend auf der Daumen-/Zeigefingerseite verläuft (Abb. 58.3), ist der Mensch stark der Tradition verbunden. Das Bewährte wird erneut gelebt. Verantwortung wird mit der eigenen Identität und den eigenen Möglichkeiten gekoppelt.
- Verläuft die Schicksalslinie vorwiegend auf der Kleinfingerseite der Hand (Abb. 58.4), ist der Betreffende bereit, sich auf das äußere Leben mitsamt seiner Wechselhaftigkeit einzulassen. Im Extremfall wird dies in der Vermeidung bewährter Kräfte gelebt – für das Schicksal sollen andere, oftmals fremde Einflussfaktoren verantwortlich zeichnen.

Verläuft die Saturnalis vorwiegend auf der Daumen-/Zeigefingerseite, ist dieser Mensch mit seiner Tradition verbunden.

Der unterschiedliche Beginn der Schicksalslinie

Entspringt die Schicksalslinie dem Neptunberg, dann spricht dies für eine Verwurzelung des Schicksals im eigenen genetischen Ursprung (Abb. 59.1). Bei geradem Verlauf in Richtung Mittelfingerberg strebt der Handeigner nach einem klar nachvollziehbaren Lebensweg. Bei entsprechender Veranlagung, insbesondere bei ausgeprägtem Neptunberg und vorhandenen Neptundreiecken, stehen Urinstinkte zur eigenen Schicksalsgestaltung zur Verfügung, auf die er zurückgreifen kann.

- Erwächst die Schicksalslinie aus der Lebenslinie (Abb. 59.2), spricht dies für eine starke schicksalhafte Bindung an das Elternhaus. Mehr oder weniger erfolgt die innerliche Loslösung erst später.
- Entspringt die Schicksalslinie dem Uranusberg (Abb. 59.3), lebt diese Person ein interessantes Leben voller Überraschungen, Einladungen, neuer Ideen und unverhoffter Angebote – beruflich wie privat.
- Eine Schicksalslinie, die ihren Anfang aus dem Mondberg hervorgehen lässt (Abb. 59.4), verweist auf einen starken Einfluss der Seele auf das eigene Schicksal. Für das, was den Handeigner seelisch erfüllt, besteht die Bereitschaft zur konsequenten und verantwortungsvollen Handhabe im Beruf wie im Privatleben. Die Seelenkraft fließt in die

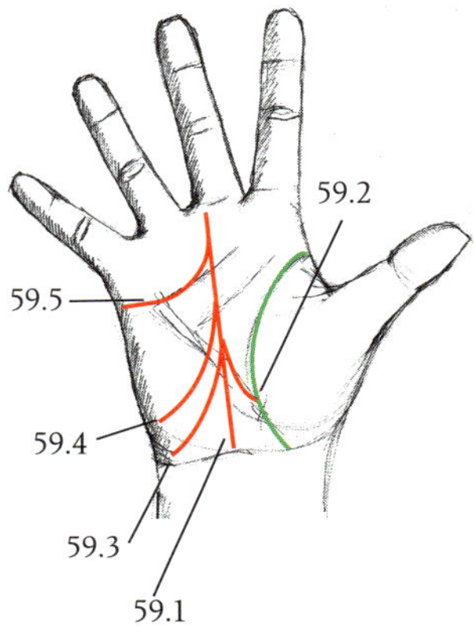

Abb. 59

73

Schicksalsbewältigung ein – und mit ihr die Möglichkeit, auf Träume, Phantasie und ureigene »Erinnerungen« zurückzugreifen. Die beschrittenen Wege verlaufen oftmals losgelöst von angestammten Prägungen, weshalb für den Handeigner behagliche, heimelige und komfortable Außenverhältnisse wichtig sind, oder auch nicht mehr – je nach Entwicklungsstand. Sind zudem Reiselinien vorhanden, spricht dies für eine Vielzahl an schicksalhaften Reisen. Viele Politiker, Diplomaten, Reisevertreter, Entwicklungshelfer verfügen über eine derartige Signatur. Reiselinien haben auch die Bedeutung »innerer« Reisen.

Üblicherweise entspringt die Schicksalslinie im Bereich des Handgelenks oder etwas höher.

Das Auslaufen der Schicksalslinie

Die Deutung des Auslaufens dieser Linie ist mit ihrem Beginn gekoppelt.

● Endet die im Mondberg beginnende Schicksalslinie im Mittelfingerberg (S. 73, Abb. 59.4), wird entweder das Leben als Prüfstein der Seele erlebt, oder es besteht – bei günstiger Gesamtdisposition (starker Venusberg, volle Energieberge, kraftvolle, gerade Finger) – das Potenzial, seelische Ambitionen und auch Wunschträume zu manifestieren.

● Endet die im Plutoberg beginnende Schicksalslinie im Mittelfingerberg (S. 73, Abb. 59.5), deutet das auf den Wunsch hin, durch zähen

Beginn die Schicksalslinie im Mondberg hat die Phantasie- und Traumwelt eine besondere Bedeutung.

und auch kompromisslosen, manchmal sogar fanatischen Arbeitseifer sich innerhalb des Kollektivs durchzusetzen, um sich in der Außenwelt durch Zielstrebigkeit zu beweisen.

● Endet die im Neptunbereich/Handgelenk beginnende Schicksalslinie im Zeigefingerberg (Abb. 60.1), sind persönlicher Ehrgeiz, Erfolg und Einflussnahme mit der Schicksalsbewältigung gekoppelt. Der Betreffende gewinnt an Selbstsicherheit und/oder Charisma, je älter er wird.

● Endet die Schicksalslinie im Ringfingerberg, ist das persönliche Schicksal mit Kunst, Ästhetik und persönlicher und partnerschaftlicher Einfühlung verknüpft.

● Hat die im Ringfingerberg endende Schicksalslinie ihren Ursprung im Neptunbereich (Abb. 60.2), besteht der Erfolg des Handeigners im instinktiven Zugriff auf die richtige Form und die gewissenhafte Umsetzung und Veredelung von Kunst und von partnerschaftlicher Kommunikation. Dies gilt, wenn der Neptunberg stark ausgeprägt ist.

● Bei einer im Merkurberg endenden Schicksalslinie ist verantwortungsbewusste Kommunikation und/oder Geschäftigkeit zur Schicksalsbewältigung von Bedeutung.

● Hat die im Merkurberg endende Schicksalslinie (Abb. 60.3) ihren Ursprung im Neptunbereich, ist der Handeigner in der Lage, Instinkt und Intellekt gewissenhaft miteinander zu verbinden. Diese Deutung gilt insbesondere bei ausgeprägtem Neptunberg. Bei ansonsten medialer Disposition kann sich dies als Fähigkeit erweisen, schicksalhafte Ereignisse wahrzunehmen und sie z. B. in Form von Zukunftsvorhersagen zu formulieren.

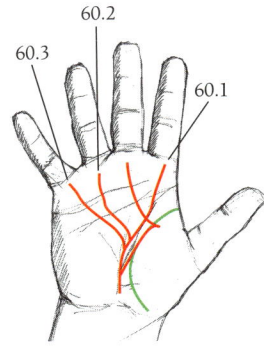

Abb. 60

Verantwortung und erfolgreiches, zielstrebiges Handeln gehen Hand in Hand, wenn die Schicksalslinie gut ausgeprägt ist, am Handgelenk beginnt und unterhalb des Mittelfingers endet.

Äste an der Schicksalslinie

● Von der Schicksalslinie aus aufsteigende oder zu ihr hinführende Äste signalisieren innere oder äußere Hilfen, um das eigene Lebensschicksal zu bewältigen.

● Ein aufsteigender Ast, der der Lebenslinie entspringt und zur Schicksalslinie führt, stellt vitale Kraft für eine verantwortliche Aufgabe, die selbstständig ausgeübt wird, oder ein wichtiges Lebensthema zur Verfügung (S. 76, Abb. 61.1).

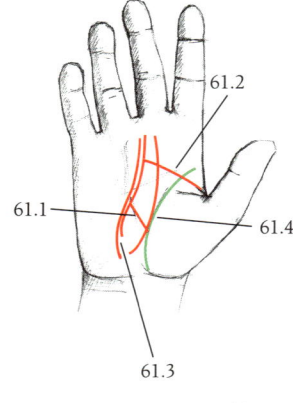

61.2

61.1

61.4

61.3

Abb. 61

- Ein Ast, der dem Marsberg entspringt und zur Schicksalslinie führt (Abb. 61.2), bringt Trieb- und Durchsetzungskräfte in das eigene Lebensschicksal ein. Mit diesen Fähigkeiten ist allerdings verantwortlich umzugehen.
- Ein aus der Schicksalslinie absteigender Ast offenbart mögliche Rückschläge und Entmutigungen in der eigenen Schicksalsbewältigung, die überwunden werden müssen und können.

Besonderheiten der Schicksalslinie

- Grenzt die Schicksalslinie in ihrem Verlauf an die Lebenslinie, indem sie diese kurz berührt oder über längere Zeit mit ihr als eine Linie verläuft (Abb. 61.4), handelt es sich in der Regel um einen Spätentwickler, der schicksalhaft an die eigene Familie/Tradition gebunden war/ist. Verantwortungsbewusstsein bzw. Erfolg entstehen bei so jemandem später als allgemein üblich.
- Eine längere Parallellinie zur Schicksalslinie (Abb. 61.3) bietet Unterstützung an und wird, die Aussage der Schicksalslinie verstärkend, positiv gedeutet. Dies gilt in abgeschwächter Form natürlich auch für eine kürzere entsprechende Parallellinie.

Mehrere durchgehende Schicksalslinien offenbaren vielfältige Möglichkeiten der Schicksalsbewältigung.

- Verfügt jemand über mehrere durchgehende Schicksalslinien, handelt es sich um ein interessantes Schicksal mit vielfältigen Möglichkeiten zu seiner Bewältigung.
- Kreuze (siehe Seite 88) auf der Schicksalslinie signalisieren Lebensprüfungen, in deren Kreuzpunkt sich aber schon die Lösung zeigt. Es handelt sich um Schwierigkeiten, aus deren Bewältigung der Handeigner Lebenstiefe gewinnen kann.

Übung

Betrachten Sie Ihre Schicksalslinie in der einen und dann in der anderen Hand. Notieren Sie das jeweilige Ergebnis und seine Bedeutung in Ihrem Heft:
- Ist die Schicksalslinie lang und tief oder eher kurz und flach?
- Ist ihr Verlauf geradlinig, wellen- oder zickzackförmig?
- Gibt es Unterbrechungen?

- Ist die Schicksalslinie eher unten (am Handgelenk) oder eher oben (in Fingernähe) ausgeprägt?
- Endet die Schicksalslinie kurz vor der Herz- bzw. Kopflinie, oder fließt sie in eine der beiden Linien hinein?
- Verläuft die Schicksalslinie mittig? Oder verläuft sie mehr auf der Zeige- oder Ringfingerseite der Hand?
- Wo entspringt die Schicksalslinie? Entstammt sie dem Neptunbereich, dem Uranusberg, dem Mondberg, dem Venusberg oder einem anderen Bereich?
- Wo endet die Schicksalslinie? Läuft sie bis in den Mittelfingerberg hinein, oder orientiert sie sich eher zum Zeige-, Ring- oder Kleinfingerberg hin?
- Ist die Schicksalslinie durchgehend oder eher gestrichelt?
- Sind eventuell Kreuze, auf- oder absteigende Äste oder Parallellinien vorhanden?

Die Ringfingerlinie (Apollolinie)

Die Apollolinie, auch Sonnenlinie oder Venuslinie genannt, endet üblicherweise im Ringfingerberg bzw. Ringfingerbereich. Sie steht für Liebe zur Kunst, die aktiv-kreativ ausgeübt oder passiv genossen wird, und für partnerschaftliches Einfühlungsvermögen. Sie bedeutet ebenfalls Glück, Gunst, Leichtigkeit, gegebenenfalls auch Leichtsinn.

Bei vielen Menschen ist die Apollolinie nur schwach ausgeprägt oder eventuell gar nicht vorhanden. Die Apollolinie ist eine der Linien, die sich durch Änderung in der Bewusstheit im Laufe des Lebens nachbilden, bzw. verändern können.

Apollo galt im Altertum als der Gott der Sonne. Die Apollolinie steht für musische Veranlagung und partnerschaftliche Einfühlsamkeit.

Der Beginn der Apollolinie

Der Beginn der Apollolinie – von unten (Handgelenk) nach oben gelesen – gibt Auskunft über die Qualität, die in den künstlerischen bzw. einfühlsamen Bereich einfließt:

- Beginnt die Apollolinie im Venusberg (S. 78, Abb. 62.1), werden die vitalen Energien in Richtung Ästhetik und Schönheitssinn gerichtet. Auch Charme und Lebensfreude lassen sich hier ablesen.

Goethe hatte eine stark ausgeprägte Sonnen-linie, die für Reichtum an Kreativität steht.

Entspringt die Apol-lolinie am Hand-gelenk, verfügt der Betreffende zumeist über eine ererbte Begabung und Lebensglück.

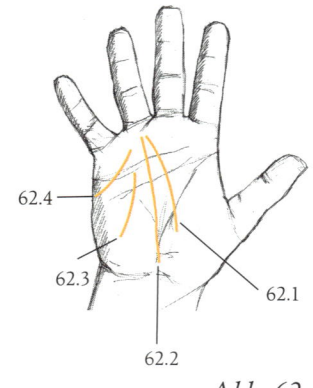

62.4

62.3

62.1

62.2

Abb. 62

● Erwächst die Appollolinie aus dem Neptunberg (Abb. 62.2), ist das Apollinische bereits in der Erbmasse angelegt. Dies offenbart sich in künstlerischer Begabung. Klassische Handleseschulen deuten diese Konstellation als materiellen Reichtum. Bei ideeller Grunddisposition des Handeigners kann diese Positur als kreativer Reichtum oder auch als Lebensglück verstanden werden. Als Beispiel dient Johann Wolfgang von Goethe, dessen Hand eine starke Sonnenlinie aufwies.

● Erwächst die Apollolinie aus dem Mondberg (Abb. 62.3), spielt das persönliche Unbewusste, das Seelische, stark in die Kunst bzw. in die Du-Beziehungen hinein. Je nach Disposition wird erfolgreich das Unbe-wusste veredelt und/oder optimistisch an tiefe Beziehungen herange-gangen. In unerlöster Form und bei schwieriger restlicher Disposition kann sich diese Linie auch als Launenabhängigkeit zeigen.

● Sind bei einer Apollolinie, die aus dem Mondberg erwächst, Saturn- und/oder Kopflinie gut ausgeprägt, wird die unbewusste Sehnsucht die Person motivieren, ureigene Träume erfolgreich zu verwirklichen.

● Erwächst die Apollolinie dem Plutoberg (Abb. 62.4), ist die Anlage gegeben, einen fanatisch-suggestiven Unterton in die Umsetzung von Kunst/partnerschaftlicher Einfühlung zu bringen.

Koppelung der Apollolinie mit den Hauptlinien

Hat die Apollolinie ihren Ursprung in der Schicksalslinie (Abb. 63.1), erwächst der partnerschaftliche, künstlerische oder auch materielle Erfolg ernsthaftem Bemühen. Erfolg und Glück haben ihre Wurzeln dann in harter Arbeit.

● Endet die Apollolinie in der Herzlinie (Abb. 63.2), wird ideelle und künstlerische Energie auf Herzensangelegenheiten gelenkt. Daraus erwächst bei ansonsten harmonischer Disposition ein Sinn für gemeinschaftliche und höhere Gefühle, ein Herzenstreben für das Schöne, Gute, Wahre.

● Bei einer aus der Herzlinie erwachsenden Apollolinie (Abb. 63.3) basieren die ideellen und künstlerischen Bestrebungen auf dem Du-Gefühl. Erfolg und Glück kommen meistens später und basieren auf Herzlichkeit. Oder die Kunst wird passiv, oft mit großer Hingabe, genossen – auch zur Entspannung.

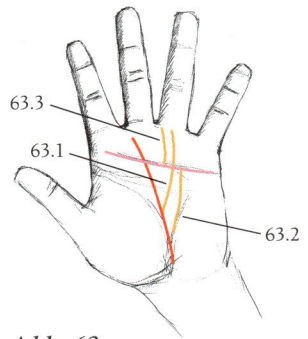

Abb. 63

Besonderheiten bei der Apollolinie

● Ist die Apollolinie in der linken Hand stärker ausgeprägt als in der rechten, verfügt dieser Mensch über Ambitionen im Bereich von Kunst, Ästhetik, Schönheitssinn, die er mehr oder weniger passiv genießt, für deren praktische Ausübung er stets einen Ansporn braucht.

● Ist die Apollolinie zittrig oder unterbrochen, neigt der Betreffende dazu, gegenüber Veränderungen und/oder Kritik an seinem Lebensstil überempfindlich zu reagieren.

● Viele kleine Linien am Ringfingerberg offenbaren, dass partnerschaftliche Einfühlung vorhanden und dass die Freude an Schönheit, Kunst, Ästhetik vielseitig ist.

Erwächst die Apollolinie aus dem Mondberg, wirkt das Seelische stark in Kunst und Partnerschaft hinein.

Die Kleinfingerlinie (Merkurlinie)

Die Merkurlinie endet in der Nähe des Kleinfingerbergs oder darin. Sie steht für Kommunikation, geistige Gewandtheit und Beweglichkeit in Schrift und Sprache. Sie offenbart die Fähigkeit, im Gespräch auf das Wesentliche zu sprechen zu kommen. Gesundheitlich gibt die Merkurlinie Auskunft über den Nervenzustand des Menschen.

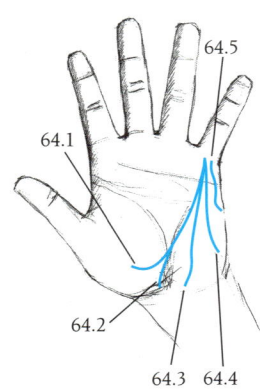

Abb. 64

Der Beginn der Kleinfingerlinie

Verbindet die Kleinfingerlinie Merkur- und Venusberg (Abb. 64.1 und 64.2), kommt es auf den Richtungsverlauf an:

● Beginnt die Merkurlinie mit einem Schwung aus dem Venusberg (Abb. 64.1), werden subjektive Interessen und Standpunkte in Wort und Tat vertreten. Das Nützliche wird mit dem Persönlichen verbunden.

● Entspringt die Merkurlinie gerade aus dem Venusberg (Abb. 64.2), wird der objektive Bereich durch persönliches beeinträchtigt. Ängstlichkeit und Unsicherheit sind hier angelegt. Durch Selbsterfahrung kann diese Disposition überwunden und sogar in persönlichen Erfolg verwandelt werden.

● Eine aus dem Neptunberg erwachsende Merkurlinie (Abb. 64.3) verbindet Instinkt und Verstand. Daraus ergeben sich instinktsichere Kommunikationsfähigkeit, spekulative Begabungen, eine »Spielernatur« (falls unerlöst), gegebenenfalls das Talent, Botschaften aus dem kollektiven Unbewussten wahrzunehmen und in Sprache zu übersetzen (Medialität).

● Eine aus dem Mondberg aufsteigende Merkurlinie (Abb. 64.4) bringt das Element des Seelischen und der Phantasie in die Kommunikationsebene hinein.

● Entspringt die Merkurlinie dem Plutoberg (Abb. 64.5), prägen Durchsetzung und Intuition oder in unerlöster Form suggestive und manipulative Einflüsse den kommunikativen Ausdruck.

Besonderheiten der Kleinfingerlinie

● Eine Merkurlinie, die an der Herzlinie endet, zeigt, dass der Betreffende in seiner Kommunikation über persönliche emotionale Wahrnehmungen und ihre Darstellung nicht so leicht hinauskommt. Ist diese Positur erlöst, sind Wort und Schrift von Herzenstiefe geprägt.

● Zwei parallel verlaufende Merkurlinien (siehe Seite 92, Abb. 86.3) offenbaren, dass der Handeigner eine besondere Begabung hat, sich in den anderen einzufühlen und ihm dies mit dem Verstand zu vermitteln (die so genannte »doppelte Merkurlinie«). Das ist ideal für soziale, therapeutische und kommunikative Berufe.

● Eine gestrichelte Merkurlinie steht für feine Nerven. Dem Nervenkostüm muss immer wieder mal Erholung gegönnt werden.

● Waagerechte (Energie-)Linien, die zusätzlich zu einer vorhandenen Merkurlinie aus dem Venusberg in Richtung Merkurfinger ziehen, stellen der Kommunikation vitale Kraft zur Verfügung (Venusberg-Energielienein siehe Seite 39).

● Senkrechte Striche oder kleine Merkurlinien auf dem Merkurberg stehen für ein gutes Gedächtnis, Sprachgewandtheit und große intellektuelle Vielseitigkeit (S. 82, Abb. 66.8).

Der Venusring (Venusgürtel)

Eine halbkreisförmige, normalerweise etwas unterbrochene Linienform, die unterhalb der Fingerwurzeln verläuft und Mittel- und Ringfinger einschließt, wird Venusring oder auch Venusgürtel genannt (S.82, Abb. 66.1). Menschen mit dieser Linie sind wie Seismographen: Wenn sie in einen Raum kommen, können sie die Atmosphäre und die ihr zugrunde liegende Stimmung wahrnehmen und erspüren, was los ist. Im Allgemeinen symbolisiert der Venusring sensitive Empfindungsfähigkeit, den Sinn für Höheres, Interesse für Esoterik, Meditation, »Göttliches« im weitesten Sinne. Er ist ein Zugang zu dem, was größer ist, als wir selbst – und außerdem eine spirituelle Unterstützung, um den Weg in die eigene Mitte zu finden.

Der Venusring offenbart sensitives Erspüren, einen Sinn für Höheres und ein intensives Temperament, das Menschen anzieht.

Die Uranuslinie/der Uranusring

Eine Linie, die dem Uranusberg entspringt, wird Uranuslinie genannt. Sie kann verschiedene Verlaufsrichtungen haben (siehe Abb. 65.1) Sie beinhaltet Einfallsreichtum, Intuition, blitzartige Erkenntnisse, die aus der Tiefe auftauchen. Von außen kommen unvorhergesehene Ereignisse, Überraschungen, private und berufliche Protektionen auf den Handeigner zu. Idealerweise endet die Uranuslinie Merkurlinie unterhalb des Merkurfingers (Abb. 65.1). Dort, wo die Uranuslinie um sich selber kreist, am so genannten »Uranusring« (Abb. 65.2), staut sich die intuitive Energie, und es ist die Aufgabe einer solchen Person, eine Möglichkeit zur Entfaltung zu finden. Es handelt sich in vielen Fällen um einen originellen und ungewöhnlichen Menschen, der aber auch zu unkontrollierbaren inneren und/oder äußeren Reaktionen neigt.

Die Uranuslinie steht für ungewöhnliche Einfälle und für Erfindungsgabe.

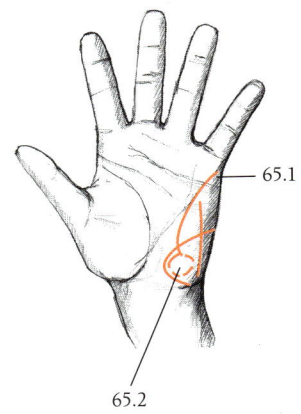

65.1

65.2

Abb. 65

- Eine länglich verlaufende Uranuslinie symbolisiert, dass der Handeigner die Möglichkeit hat, seine kreativen Geistesblitze in sein Leben einfließen zu lassen.
- Ist die Uranuslinie nur in der rechten Hand vorhanden, zeigen sich beim Handeigner immer wieder augenblickliche »Aha-Erlebnisse«.
- Ist die Uranuslinie nur in der linken Hand und sehr stark gezeichnet, kann dies Unruhe und Nervosität signalisieren (insbesondere bei stark ausgeprägtem Uranusberg).

Die Neptunlinie

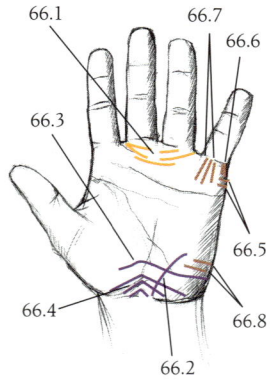

Abb. 66

Die Neptunlinie befindet sich hauptsächlich im Neptunbereich oberhalb des Handgelenkes. Die Neptunlinie kann quer oder schräg verlaufen, aus dem Handgelenk oder auch aus dem unteren Venusberg kommen. Sie ist die Linie des Urinstinktes, aber auch der Selbsttäuschung. Spirituelle Suche und Sucht, innere Führung und Verführung stehen sich hier diametral gegenüber. Die Neptunlinie ist eine Antenne für instinktsichere Tiefe. Der Betreffende ist in der Lage, Gefahren zu wittern und instinktiv richtig zu handeln. Eine gut ausgeprägte Neptunlinie und ein Stern oder eine Insel auf dem Neptunberg (vgl. Praxisbeispiel C, Seite 92, Abb. 86.2) offenbaren Anlagen zur Hellsichtigkeit, Hellfühligkeit, zum Hellwissen usw., bei entsprechender Disposition auch sexuelle und/oder animalische Sehnsüchte. In seiner Eigenschaft als Wegbegleiter zu dem ureigenen Seelenstern zeigt Neptun insbesondere bei stark entwickeltem Neptunberg mit Neptunlinien auch Wege aus einer Sucht auf. Dies geschieht dann meistens durch tiefe innere Botschaften und Hinweise für ein instinktsicheres und richtiges Handeln.

- Endet die Neptunlinie im Mondberg (Abb. 66.2), ist die instinktive Begabung Neptuns mit der Kraft verknüpft, aus dem Seelischen zu schöpfen.
- Sind Neptun- und Merkurlinie miteinander verbunden, ist der Betreffende in der Lage, instinktsicher zu kommunizieren.
- Eine quer vom Venusberg aus zum Mondberg durchgehende Neptunlinie (Abb. 66.3) heißt, dass der Handeigner sehr intuitiv ist, dass sich Fühlen und Instinkt verbinden zum Beschützerinstinkt. Wenn weitere Neptunlinien und Neptunberg stark ausgeprägt sind, dann können

hellsichtige Antennen vorhanden sein. Man sollte mit Medikamenten vorsichtig umgehen, weil der Organismus darauf sehr sensitiv reagiert.

● Sehr häufig zu finden sind die »Neptundreiecke« (Abb. 66.4), die auf zielgerichteten, einsetzbaren Instinkt und übersinnliche Fähigkeiten und/oder eine klare spirituelle Ausrichtung hinweisen.

Die Plutolinie

Die Plutolinie verläuft senkrecht und liegt an der Handaußenkante in der Höhe von Pluto- und/oder Mondberg (Praxisbeispiel B, Seite 91, Abb. 85.1). Sie ist selten und manchmal nur kurz. Sie symbolisiert, ähnlich wie die Neptunlinie, Zugang zum Übersinnlichen, Hellsichtigkeit und Intuition. Während die übersinnlichen Fähigkeiten Neptuns sich mehr auf den persönlichen Bereich beziehen, liegt der Schwerpunkt bei der Plutolinie im kollektiven und/oder magischen Bereich. Menschen mit ausgeprägter Plutolinie verfügen über die Fähigkeit, kollektiv bedeutsame Ereignisse wie z.B. Naturphänomene, Grenzöffnungen (ehemalige DDR), politische Veränderungen vorauszusehen. Ist die Plutolinie in der rechten Hand oder in beiden Händen vorhanden, ist der Handeigner sich dieser speziellen Qualitäten bewusst.

Aus der Neptunlinie lassen sich Instinktsicherheit, Hellsichtigkeit, Medialität und auch Suchtpotenzial ablesen.

Befindet sich die Plutolinie lediglich in der linken Hand, können die Anlagen ins Bewusstsein gehoben werden (zum Beispiel durch Meditation).

Menschen mit ausgeprägter Plutolinie haben die Gabe, kollektiv wichtige Ereignisse wie z.B. die Öffnung von Grenzen oder auch Naturphänomene vorauszusehen.

Die Ehelinien

Querlinien unterhalb des Merkurfingers an der Handaußenkante werden Ehelinien genannt (S. 82, Abb. 66.5). Sie bezeichnen nicht die Anzahl der Ehen, die ein Mensch führt, sondern, falls überhaupt vorhanden, die Anlage des Menschen, emotional tiefe und dauerhafte Beziehungen zu führen. Mehrere tiefe Ehelinien in der Hand zeigen eine starke Sehnsucht und Suche nach dem Traumpartner. Mit dieser Formation ist es schwer, »die Richtige« oder »den Richtigen« zu finden.

- Viele kleine Ehelinien offenbaren einen Menschen, der eine Vielseitigkeit und Beweglichkeit in Beziehungen hat.
- Eine tiefe Ehelinie bedeutet die Fähigkeit, eine tief gehende Beziehung führen zu können. Es kann eine lebenslange Ehe sein oder z. B. eine tiefe und mehrere nicht so tiefe Partnerschaften. Bei Menschen ohne Ehelinie kann sich diese, z. B. durch einen tiefen Selbsterfahrungsprozess, sogar nachbilden (siehe Seite 8, 2. Beispiel).

Die Ehelinien zeigen nicht an, wie oft man heiratet, sondern mit welcher emotionalen Tiefe Partnerschaften geführt werden.

Die Heilerlinien

Senkrechte Linien, die senkrecht von den Ehelinien unterhalb des kleinen Fingers an der Handaußenkante aufsteigen, werden Heilerlinien, früher auch Samariterlinien, genannt (S. 82, Abb. 66.6). Eine solche Person verspürt in sich den besonderen Wunsch, anderen Menschen beizustehen und/oder zu heilen. Inwieweit sich dies als Heilerfähigkeit manifestiert, hängt vom Gesamtbild der Hand ab (unter anderem dem Venusberg, der Schicksalslinie). Nicht zu verwechseln sind die Heilerlinien übrigens mit den kleinen Merkurlinien (S. 82, Abb. 66.7).

Die Reiselinien (Mondberglinien)

Reiselinien sind Querlinien, die auf dem Mondberg von der Handaußenkante in Richtung Innenhand verlaufen (S. 82, Abb. 66.8). Sie drücken den Wunsch/die Möglichkeit aus, zu verreisen. Auch dass jemand persönliche Reiseprojekte, Ortswechsel, Auswanderung usw. in Angriff nimmt, lässt sich dort ablesen. Reiselinien stehen für ein interessantes Leben. Bei zarter Disposition der Gesamthand kann es sein, dass Veränderungswünsche mehr in der Phantasie oder in Träumen ausgelebt werden. Sie stehen außerdem auch für »innere« Reisen.

Der Handtisch

Bilden Kopf-, Herz-, Saturn- und Merkurlinie ein innen liegendes Viereck (Abb. 67) spricht man vom Handtisch. Ein gut ausgeprägter Handtisch (siehe auch Praxisbeispiel B, »Evelin«, Seite 91/92) spricht dafür, dass Pflichtgefühl und Leichtigkeit, Kopf und Herz in einem ausgewogenen Verhältnis zueinander stehen. Fehlt im Handtisch die Schicksalslinie, ist das Leben des Menschen durch das Du-Empfinden geprägt. Fehlt hingegen die Merkurlinie, geht es dem Handeigner vor allem um exakte Pflichterfüllung.

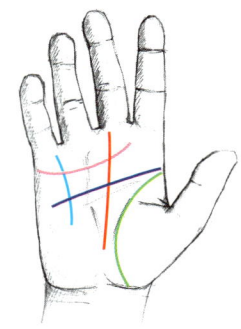

Abb. 67

Das große und das kleine Dreieck

● Bilden Lebens-, Kopf- und Merkurlinie ein innen liegendes Dreieck (Abb. 68), spricht man vom »großen Dreieck«. Vitalität, Kopf und Außenweltbeziehung sind auf eine optimale Weise aufeinander abgestimmt.

● Bilden Kopf-, Merkur- und Saturnlinie ein innen liegendes Dreieck (Abb. 69.1), spricht man vom »kleinen Dreieck«. Die Konzentrationskraft und das ernsthafte Streben der Saturnlinie ergänzen sich sinnvoll mit den Kräften des Verstandes und der Kommunikation. Wissenschaft und Forschung, aber auch eine selbstständige intellektuell oder kommunikativ geprägte Tätigkeit sind dadurch begünstigt.

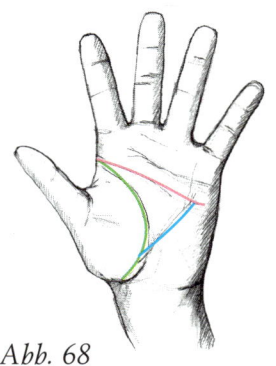

Abb. 68

Raszetten

Linien, die um das Handgelenk herum verlaufen, werden Raszetten genannt (Abb. 69.2). Früher glaubte man, dass sie Aufschluss über das Lebensalter geben würden. Heute schreibt man den Raszetten eher eine vorgeburtliche Bedeutung zu, da sie der Hand »vorgelagert« sind. Kettenreiche Raszetten bedeuten Erfolg durch Anstrengung (Ketten) und eine starke Handlungsintensität. Feinere Raszetten beinhalten eine behutsamere Handlungsweise.

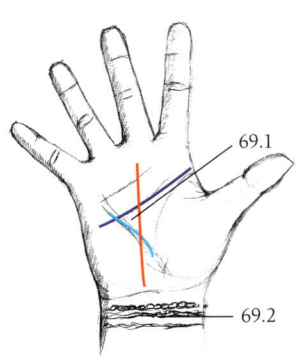

69.1

69.2

Abb. 69

*Künstlerische Bega-
bung und Erfolg in
deren Umsetzung wer-
den von so genannten
Diamantvierecken
symbolisiert.*

Übung

Betrachten Sie die Nebenlinien der einen, dann der anderen Hand.
Nehmen Sie Ihr Heft, und notieren Sie Ihre Beobachtungen und deren
(Be-)Deutung:

**Beim Handlesen ist
stets dem Gesamt-
bild der Hand und
dem Handtypus
besondere Beach-
tung zu schenken.**

- Ist eine Apollolinie vorhanden, und wenn ja, wie verläuft sie? Entspringt sie dem Venus-, Neptun-, Mond- oder Plutoberg? Oder entspringt sie der Schicksals- oder der Herzlinie? Endet sie unterhalb des
Ringfingers, oder verläuft sie nur bis zur Herzlinie? Ist sie durchgehend, unterbrochen oder zittrig? Wie tief ist sie?
- Gibt es kleine Linien auf dem Ringfingerberg oder Begleitlinien für
die Apollolinie?
- Wie sieht die Merkurlinie aus? Entspringt sie dem Venus-, Neptun-,
Mond- oder Plutoberg? Geht sie durch bis zum kleinen Finger, oder
endet sie an der Herzlinie? Besteht sie aus mehreren kleinen Linien, oder
verläuft sie durchgehend? Gibt es Striche, Begleit- oder Parallellinien?
- Verfügt Ihre Hand über einen Venusgürtel?
- Ist eine Uranuslinie oder ein Uranusring vorhanden?
- Gibt es eine Neptunlinie oder ein Neptundreieck?
- Sind eine Plutolinie, Ehelinie oder Heilerlinien erkennbar?

- Verfügt der Mondberg über Reiselinien?
- Ist in der Hand ein Handtisch oder ein Dreieck erkennbar?
- Sind die Raszetten mehr oder weniger ausgeprägt?
- Welche Bedeutung erkennen Sie aus dem Gesamtbild der Handlinien im Vergleich zu Ihrer sonstigen Disposition (Handform, Handberge, Länge der Finger usw.)?

Zeichen in der Hand

Ich habe bereits einige Male erwähnt, dass es verschiedene »Zeichen« gibt, die eine besondere Bedeutung haben. Ihre Bedeutung lässt sich folgendermaßen aufschlüsseln:

Frei stehende Quadrate zeigen Erfolg und spezielle Begabungen an.

Das Quadrat, auch Diamantviereck genannt
Dort, wo vier Linien ein Viereck bilden (Abb. 70 und Praxisbeispiel A, Seite 90), spricht man von einer Energiebasis.
Isolierte Quadrate (siehe Seite 43) zeigen krafterfüllte Talente, Fähigkeiten, glückliche Fügungen in dem jeweiligen Bereich an, wo das Quadrat vorhanden ist. So offenbart beispielsweise ein Quadrat auf dem Apolloberg künstlerische Begabung und auch Erfolg in der Nutzung des künstlerischen Potenzials. Quadrate auf einer Line symbolisieren Förderung, Obhut, Sicherheit.

Abb. 70

Das Dreieck
Ein Dreieck (Abb. 71) (nicht gebildet aus Handlinien) wird ebenfalls positiv gedeutet. Es symbolisiert Fähigkeiten, Talente, Chancen. Die Energie von Dreiecken ist fließender als bei Quadraten, bei Letzteren ist die Energiebasis noch stärker.

Abb. 71

Einschnitte
Kleine Querlinien, die die Hauptlinien kreuzen (Abb. 72), werden als Einschnitte betrachtet, die als Herausforderungen zur Bewusstseinsentwicklung betrachtet und gelebt werden.

Abb. 72

Abb. 73

Kreuze

Kreuze, die sich aus zwei kleinen Linien bilden (Abb. 73), gelten als Bewährungsproben und Pflichten, die zu bewältigen sind. Der Kreuzungspunkt in sich birgt stets die Lösung von Problemen.

Sterne (Doppelkreuze)

Abb. 74

Bilden sich durch mehrere kleine Linien Sterne (Abb. 74), sind diese, wenn sie auf einer Linie liegen, wie Kreuze zu deuten, allerdings mit verstärkten Vorzeichen. Ein Stern symbolisiert die Gefahr der Überanstrengung und/oder ein starkes transformatorisches Ereignis (siehe das Praxisbeispiel C, Seite 92). Ist der Stern frei stehend oder auf einem Berg zu sehen, beinhaltet er positives Energiepotenzial und Glück bringende Ereignisse.

Punkte

Abb. 75

Punkte (Abb. 75) gelten als Aufmerksamkeitsaufforderungen (»Halte inne«) im jeweiligen Bereich. Auf der Lebenslinie bedeuten sie Unwohlsein oder vorübergehende gesundheitliche Störungen.

Gitter

Abb. 76

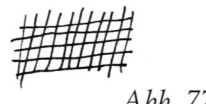

Abb. 77

Ein Gitter/Güte-Gitter signalisiert Güte, Hilfsbereitschaft und die Fähigkeit, andere im jeweils angelegten Bereich zu ihrem Selbst zu führen. Im Apollobereich kann es ärztliche/heilerische Qualitäten bedeuten. Grundsätzlich gilt: Ein weites, quadratisches Gitter/Güte-Gitter (Abb. 76) bringt eher Fähigkeiten der Hilfsbereitschaft, ein enges Gitter/Wirrnis-Gitter (Abb. 77) eher die schwierigen Aspekte hervor. Die Aspekte eines engen Gitters zu überwinden bedeutet, einen Transformationsprozess erfolgreich zu durchlaufen.

Inseln

Abb. 78

Inseln (Abb. 78) offenbaren eine vorübergehende Schwächung der Kraft in dem jeweiligen Bereich, in dem sie stehen. Sie reflektieren eine schwierige Zeit und können auf den Hauptlinien ein Kreisen um sich selbst, das vital, gedanklich, emotional oder schicksalsmäßig angelegt ist, oder auch ein Trauma signalisieren. Eine Insel auf der Lebenslinie bedeutet eine Zeit, in der man sich nicht so ganz erdverbunden fühlt, oder auch eine Krankheit. Auf der Apollolinie kann eine Insel auch eine späte künstlerische Entwicklung anzeigen, auf der Merkurlinie hingegen Besonnenheit und Hellsichtigkeit auf der Neptunlinie.

Äste

Äste, die von einer Linie aufsteigend oder absteigend angelegt sind, verkünden aufsteigend (Abb. 79.1) Daseinsfreude, Tatendrang, Optimismus. Absteigend (Abb. 79.2) bedeuten sie hemmende Ereignisse. Sie gelten als Energien, die sich um ein Fundament bemühen. So stehen beispielsweise von der Herzlinie aus absteigende Äste für Betrübnis. Aus ihnen kann aus seelischer Sicht z.B. durch Erlangung von Mitgefühl positive Qualität, wie z. B. persönliche Stärke und Rückgrat entwickelt werden. Parallellinien bedeuten eine Vermehrung der Qualität und Stärke für die Linie, die sie begleiten. Grundsätzlich gilt: Ist der Verlauf gleichmäßig parallel (Abb. 80), ist die Kraft harmonisch ausgerichtet. Driften die Parallellinien eher auseinander (Abb. 81), kann es mitunter zu erheblichen Interessenkonflikten kommen.

Parallellinien vermehren die Kraft der fließenden Energie dort, wo sie auftreten.

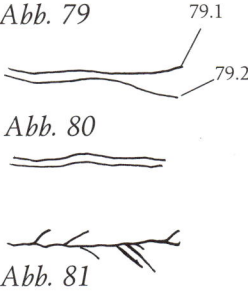

Abb. 79

Abb. 80

Abb. 81

Wie bei einem Baum so drückt auch in den Händen jeder Ast eine Energie aus.

Aus meiner Handlesepraxis

In jeder Hand lässt sich etwas Einzigartiges finden. Darauf wollen wir uns jetzt in den folgenden drei Praxisbeispielen konzentrieren. Da die Handfotografien unter Umständen nicht alle Handlinien und Zeichen hervortreten lassen, werden sie durch Skizzen noch näher beschrieben.

Praxisbeispiel A *Klaus Esch, 38 Jahre, Schauspieler, Opernsänger und der »Samson« aus der Sesamstraße*

Anlagen zum Erfolg offenbaren sich bei Klaus Esch unter anderem in ausgeprägten Handbergen (Energiereservoir!), an durchgezeichneten Linien in der Apollolinie und frei stehenden oder eingefügten Quadraten.

● Auffällig sind die ausgeprägten Venusberge (Abb. 82.1/83.2) in beiden Händen, die ein vitales Kraftreservoir darstellen. Sämtliche Fingerberge sind ebenfalls ausgeprägt und stellen Energie auf jeder Ebene (Kommunikation, Kunst, Pflichtgefühl, Selbstbewusstsein) zur Verfügung.

● Stark entwickelte Mondberge (Abb. 82.2/83.2) symbolisieren die Kraft, aus dem Seelischen zu schöpfen, begünstigt durch viele Querlinien.

● Die Apollolinien (Abb. 82.3/83.3) sind mit Erfolgsquadraten übersät und zeigen Erfolg, Talent, Anlagen in Kunst und Ästhetik, zudem Einfühlungsvermögen, Charme, Liebenswürdigkeit und Humor.

● Erfolgsquadrate auf der Saturnlinie, in der rechten Hand (Abb. 83.4), verraten gewissenhaftes und verantwortliches Üben und Arbeiten.

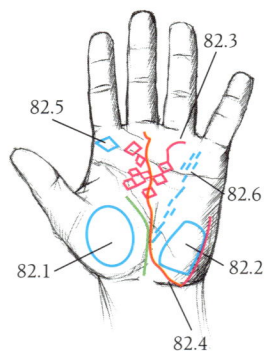

Abb. 82

Hände von Klaus Esch.

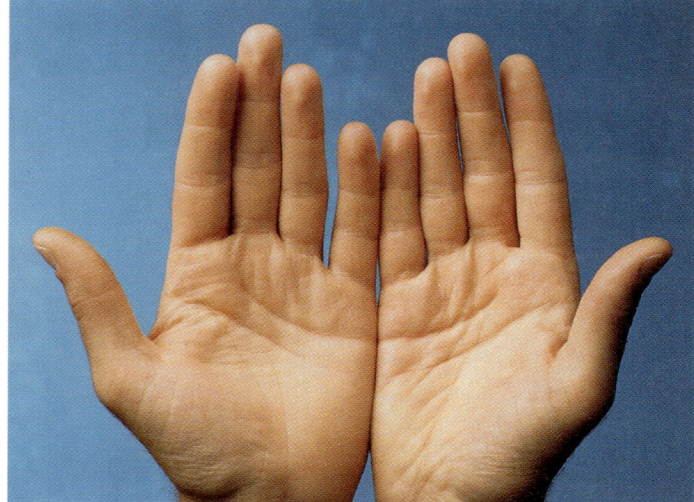

● Der Ursprung der Saturnlinie im Uranusberg, insbesondere in der linken Hand (Abb. 82.4), bringt durch Uranus unerwartete Gelegenheiten, Einladungen und in beruflicher Hinsicht Engagements, die Dank Saturn mit Verantwortung ausgewählt und durchgeführt werden.

● Das Quadrat auf dem Jupiterberg in der linken Hand (Abb. 82.5) und ein schwächeres in der rechten Hand zeigen in Kombination mit der von Quadraten besetzten Apollolinie (Abb. 82.3 / 83.3) Charisma.

● Die gestrichelte Merkurlinie in beiden Händen (Abb. 82.6 / 83.5) mahnt zu schöpferischen Pausen, damit aufgrund der Sensibilität die Nerven nicht überlastet werden.

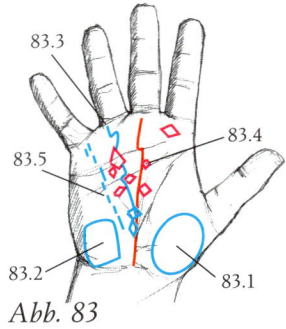

Abb. 83

Praxisbeispiel B *(Evelin, 54 Jahre, Zugang zum Übersinnlichen)*

Dies ist ein Händepaar mit Formationen, die klassisch sind und die seltene Plutolinie aufweisen – die Hände meiner Freundin Evelin. Sie verfügt über einen Zugang zur »Anderswelt«. Das Übersinnliche, zeigt sich ihr in Synchronizitäten. Bewusst wurde Evelin das mit 52 Jahren. Damals schenkte eine Verwandte ihres Mannes beiden ein Buch aus der Familienhistorie. Eines Nachts bekam sie den Impuls, ihrem Mann aus diesem Buch vorzulesen. Wie sie später erfuhren, verstarb genau zu diesem Zeitpunkt diese Verwandte. Eines Abends, als sie vor dem Fernsehgerät saß, »sah« sie vor sich die Gestalt eines ihr früher nahe stehenden, ein Jahr zuvor verstorbenen Freundes. Solche »übersinnlichen« Ereignisse fanden mehrfach statt. In einem meiner Energiearbeitsseminare entdeckte Evelin, dass sie die Aura von Menschen sehen kann – so ist diese »Anderswelt« jetzt ganz normal für sie geworden.

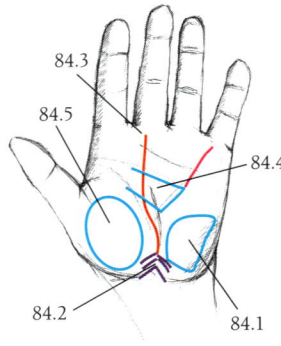

Abb. 84

● Die übersinnliche Begabung wird angezeigt in der rechten Hand durch eine Längslinie (Abb. 85.1), die an der Handkante zwischen Pluto- und Mondberg entlangläuft, die Plutolinie.

● Stark ausgeprägte Neptundreiecke (Abb. 84.2/85.2) artikulieren ihre übersinnliche Begabung. Von hier wirkt ihr Urinstinkt, ebenso durch die dem Neptunberg entspringende Schicksalslinie (Abb. 84.3/85.3). Zugleich offenbart die Hand, wie die Natur Ausgewogenheit schafft. Ausbalancierende Faktoren sorgen dafür, dass der übersinnliche Zugang mit praktischer Lebensführung verbunden wird:

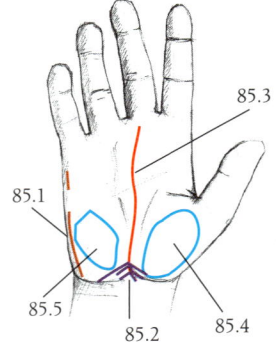

Abb. 85

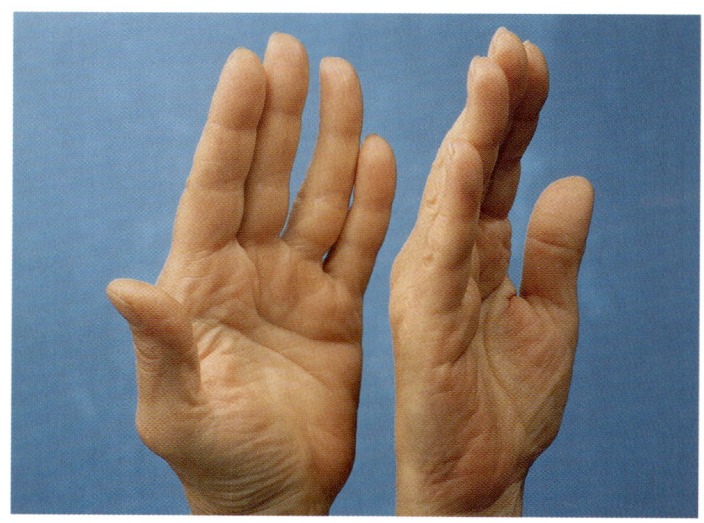

Evelins Hände.

• Der gut gezeichnete Handtisch in der linken Hand (Abb. 84.4) offenbart praktische Fähigkeiten im Umgang mit der Welt.

• Die stark entwickelten Venus- und Mondberge (Abb. 84.5, 85.4 und Abb. 84.1, 85.5) repräsentieren bei diesen Händen ein ausgeprägtes Kraftpotenzial.

• Die ausgeprägte Apollolinie in beiden Händen symbolisiert Liebenswürdigkeit, Charme, Schönheitssinn sowie Interesse für Kunst und Literatur.

• Die steilen, gut gezeichneten Schicksalslinien beinhalten die Fähigkeit zur Konzentration auf das Wesentliche und geben Rückgrat für das praktische Leben.

• Die stark entwickelte Kopflinie ermöglicht ein gutes intellektuelles Begreifen der Vorgänge in »dieser« und in »jener« Welt.

Praxisbeispiel C *Meine eigenen Hände. Wie Linien sich verändern können.*

Wie bereits erwähnt, können sich Handlinien verändern, z. B. aufgrund schicksalhafter Ereignisse, persönlicher Entwicklungsumschwünge oder wenn neue Talente entdeckt, gefördert und in die Tat umgesetzt werden. Bei mir veränderte sich der Verlauf meiner doppelten Merkurlinie in der Jahresmitte 1996 durch ein Lichterlebnis während einer Meditation. Ich hatte vorausschauende Einsicht in Ereignisse für den Zeitraum eines Jahres, die auch eintrafen. Seitdem ist das Hören auf meine innere Stimme der Leitfaden meiner Lebensführung. In meinen Handlinien stellte ich Anfang des Jahres 1997 Veränderungen fest, ausgelöst durch das Lichterlebnis vom Jahre 1996. Diese Veränderung ist aus den Bildern (Abb. 87 u. 88) zu ersehen und nachvollziehbar, wenn man die alte Abbildung (Abb. 88) mit der neuen (Abb. 87) vergleicht: Die Merkurlinie der rechten Hand öffnete sich innerhalb eines knappen Jahres und

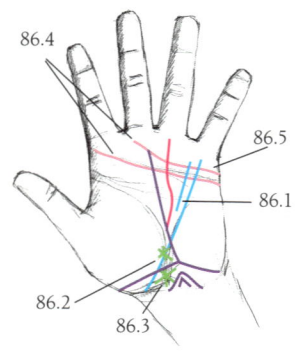

Abb. 86

verläuft jetzt zum Apolloberg (Abb. 87.2). Dazwischen entstand ein Quadrat (Abb. 87.3). Das Bild vom Mai 1987 zeigt die zweite Merkurlinie noch in geschlossener Form (Abb. 88).

- Die doppelte Merkurlinie auf beiden Bildern (Abb. 86.1 u. Abb. 87.1) steht für verstärkte Einfühlsamkeit und die Fähigkeit, Wahrgenommenes mit dem Verstand zu vermitteln, was meinem Beruf zugute kommt.
- Durch die Veränderung der Merkurlinie, früher durchgehend, jetzt unterbrochen mit Quadrat, ist die Einfühlsamkeit in Richtung Hellfühligkeit (symbolisiert durch das Quadrat) verstärkt worden.
- Die Merkurlinie der rechten Hand, an der das Quadrat liegt, hat durch die Veränderung einen dritten Zweig bekommen, der zum Apolloberg läuft und Zugang zum künstlerischen Bereich signalisiert, bei mir zur Musik. Aus der Intuition heraus kann ich seitdem Klangfolgen singen, was mir früher nicht möglich war. In meinen Gruppen »Gesang der inneren Stimme« leite ich die Teilnehmer an, nach innen zu hören. Jeder kann intuitiv singen – alleine die Bereitschaft genügt.
- In beiden Händen zeigt sich auf meinen Lebenslinien seit eh und je ein Stern an derselben Stelle (Abb. 86.2 und 87.5). Die Stelle entspricht dem 50. Lebensjahr, als ich das Lichterlebnis hatte. Erwähnenswert ist hierbei, dass im Alter von 38 Jahren eine andere Handleserin die Sterne auf meinen Lebenslinien so deutete, dass ich im 50. Lebensjahr »vielleicht bewusst sterbe«.

Anstatt meines eventuellen Todes symbolisieren die Sterne das Lichterlebnis – es veränderte mein Leben. Weitere Merkmale in meinen Händen: Sterne im Neptunbereich (Abb. 86.3 u. 87.4), Doppelte Herzlinie (Abb. 86.4). Obere Herzlinie verbunden mit der Ehelinie (Abb. 86.5). Gütegitter (Abb. 87.7). Zwei Inseln auf der Schicksalslinie (Abb. 87.6).

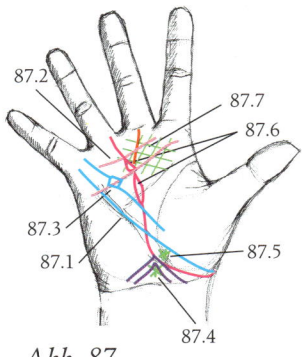

Abb. 87

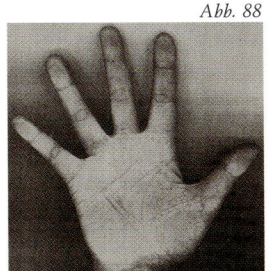

Abb. 88

Monika Tafels Hände: 1987 (o.) und heute (u.).

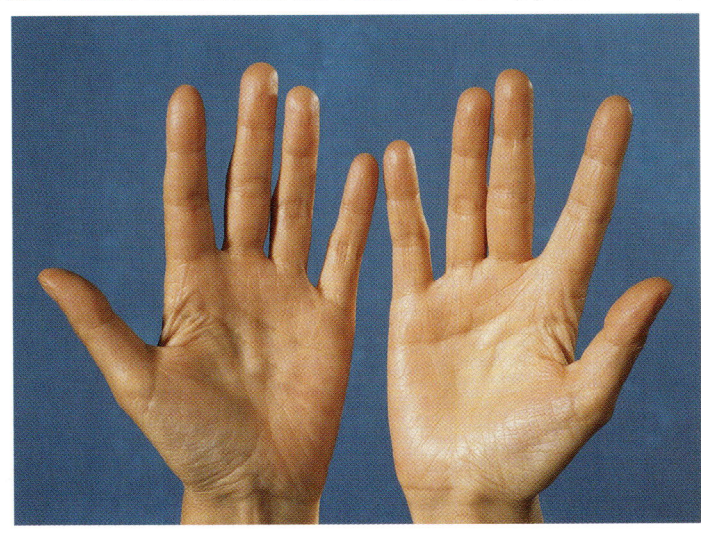

Über dieses Buch

Impressum

© 2000 Ludwig Verlag, München, in der Econ Ullstein List Verlag GmbH & Co. KG, München

Nachdruck – auch auszugsweise – nur mit Genehmigung des Verlags.

Redaktion
Dr. Hermann Ehmann

Projektleitung
Dr. Harald Kämmerer

Redaktionsleitung
Dr. Reinhard Pietsch

Bildredaktion
Gabriele Feld

Umschlag Till Eiden

DTP-Produktion und Handillustrationen
Veronika Moga, München

Produktion
Manfred Metzger (Leitung), A. Aatz

Druck
Weber Offset

Bindung
Oldenbourg

Gedruckt auf chlor- und säurearmem Papier
Printed in Germany

ISBN 3-7787-3876-3

Die Autorin

Monika Tafel lebt und arbeitet als Heilpraktikerin auf dem Gebiet der Psychotherapie seit über 20 Jahren in eigener Praxis in Hamburg. Sie betreibt Handlesen und Kartenlegen auf Kongressen, in Gruppen, Einzelsitzungen und leitet Managementtrainings. Sie arbeitet mit Psychotherapie, Rebirthing, C.G.-Jung-Traumdeutung und intuitivem Gesang, Channeln. Sie hatte Kontakt zu spirituellen Meistern und sammelte Erfahrungen in den USA in Energiearbeit bei einer Halbindianerin. Die Autorin dankt Herrn Klaus-Jürgen Becker für die tatkräftige Hilfe bei der Erstellung des Manuskriptes.

Leserservice

Der Autorin dieses Buches ist es bewusst, dass auch bei einer noch so genauen Durcharbeitung Fragen auftauchen können. Sollte Interesse an klärenden Einzelgesprächen, Handlesesitzungen, Selbsterfahrungsseminaren bestehen oder sollten Sie persönliche Fragen oder Anmerkungen haben, die den Inhalt des Buches betreffen, können Sie sich mit ihr über den Verlag oder über die folgende Anschrift in Verbindung setzen:
Lebensschule für Atem, Meditation und Energiearbeit
Monika Tafel
Ohlsdorfer Str. 17, 22299 Hamburg, Tel. 040 / 488 112

Bildnachweis

AKG, Berlin: 78, 82; Bilderberg, Hamburg: 89 (Klaus-D. Francke); Fotoarchiv, Essen: 17 (Ciro Antinozzi), 23 (Harry Riedl), 60 (Manfred Vollmer), 86 (Knut Müller); Frey Karl Heinz, Hamburg: 90, 93; Image Bank, München: Titel (Will Crocker), Vor-, Nachsatz (Chuck Place), 5 (Michael Belford), 48 (David D. Hamilton), 54 (Barros & Barros), 64 (David de Lossy), 74 (Michael Gosbee); Studio Seiffe, Hamburg: 92; Südwest Verlag, München: 14 (Christiane Vey / jump); Visum, Hamburg: 9 (Michael Wolf)

Literaturhinweise

Barrett, David V.: Handlinien und was sie bedeuten, Würzburg 1995.
Ertel, Henner: Handlesen leicht erklärt, Bindlach 1995.
Hürlimann, Gertrud I.: Handlesen ist erlernbar. Ein methodisch aufgebautes Lehrbuch mit Einbezug astrologischer Parallelitäten, Zürich 1985.
Mertz, B. A.: Handdeutungen, Niedernhausen 1985.

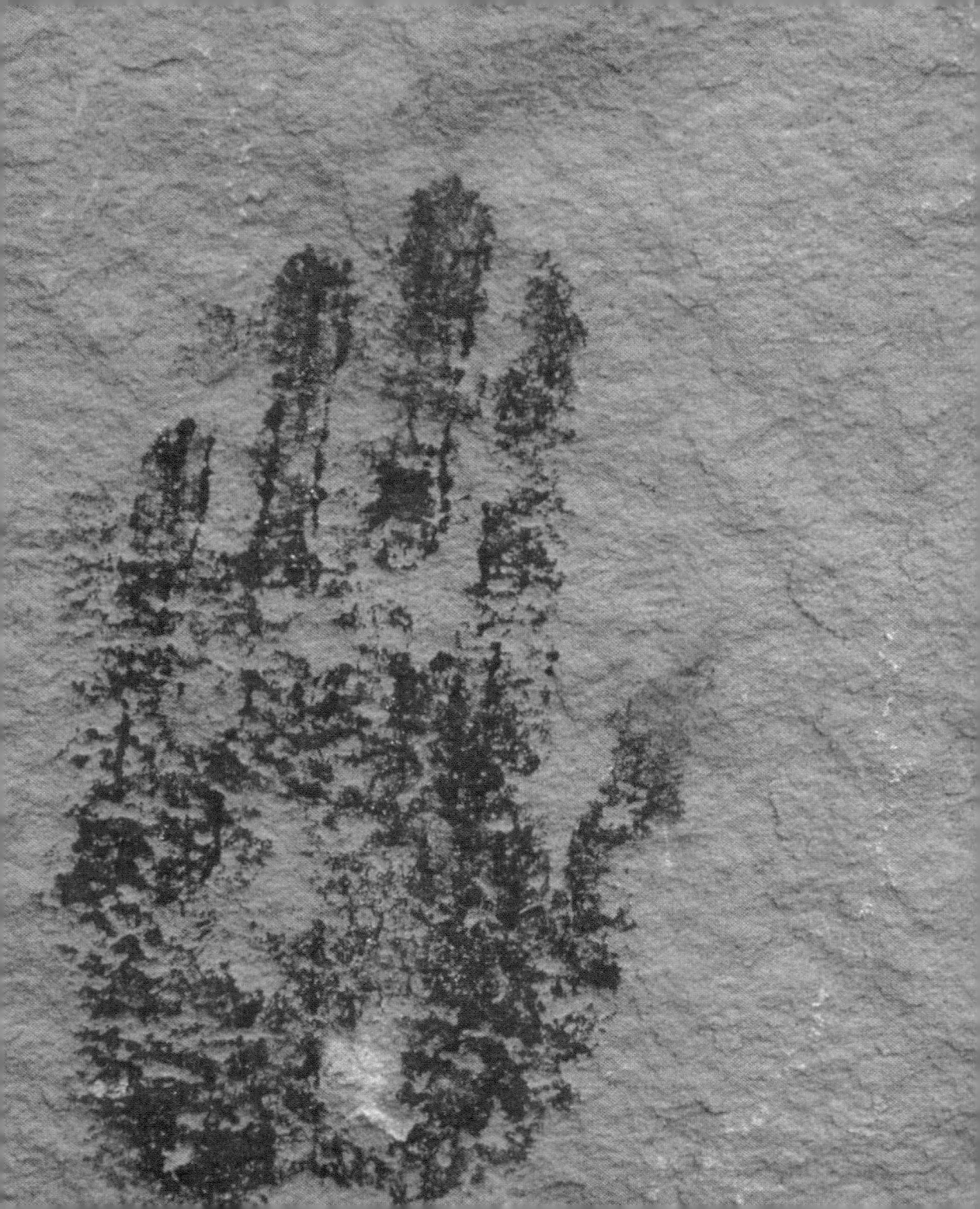